MEMENTO D'HIPPOLOGIE

POUR RÉPONDRE AU QUESTIONNAIRE

DE

L'ÉCOLE D'APPLICATION DE CAVALERIE

D'APRÈS LE TRAITÉ D'HIPPOLOGIE

DE

MM. JACOULET et CHOMEL

SAUMUR

LIBRAIRIE MILITAIRE S. MILON FILS, ÉDITEUR

46, RUE D'ORLÉANS, 46

Fournisseur adjudicataire de l'École de cavalerie

1896

MEMENTO D'HIPPOLOGIE

POUR RÉPONDRE AU QUESTIONNAIRE

DE

L'ÉCOLE D'APPLICATION DE CAVALERIE

« Ce résumé n'a point pour but de suppléer à l'étude des livres d'hippologie; il doit servir à diriger les recherches, et, plus tard, à rafraîchir la mémoire en vue d'un examen. »

ANGERS. — IMPRIMERIE A. BURDIN ET Cⁱᵉ, 4, RUE GARNIER.

MEMENTO D'HIPPOLOGIE

POUR RÉPONDRE AU QUESTIONNAIRE

DE

L'ÉCOLE D'APPLICATION DE CAVALERIE

D'APRÈS LE TRAITÉ D'HIPPOLOGIE

DE

MM. JACOULET et CHOMEL

SAUMUR

LIBRAIRIE MILITAIRE S. MILON FILS, ÉDITEUR

46, RUE D'ORLÉANS, 46

Fournisseur adjudicataire de l'École de cavalerie

1896

MEMENTO D'HIPPOLOGIE

Première Question

BUT DE L'HIPPOLOGIE. — Étudier le cheval au point de vue de son organisation, du mécanisme des grandes fonctions organiques, de l'extérieur, de l'hygiène, de sa multiplication, de son amélioration (haras, remontes, courses), de sa consommation et de ses maladies.

CARACTÈRES ZOOLOGIQUES DU CHEVAL. — Le cheval est un mammifère à mamelles inguinales, de l'ordre des Pachydermes, de la famille des Solipèdes. — Estomac simple; à la fois herbivore et granivore; le pied se compose d'un seul doigt emboîté dans un ongle unique (monodactyle); ne vomit pas; manque de vésicule biliaire; âge moyen, 12 ou 15 ans; gestation, 11 mois; allaitement, 4 à 5 mois. Espèces du genre Equus : cheval proprement dit, Ane, Hémione, Couagga, Daw. — Hybrides : Mulet (âne et jument), Bardot (cheval et ânesse).

CONSTITUTION DE L'ORGANISME ANIMAL.

Liquides. — Sang : liquides se déversant dans le sang (chyle, lymphe); liquides provenant du sang (lait, bile, sueur, synovie, urine, etc.).

Gaz. — Air respiré : gaz intestinaux.

Solides. — Éléments anatomiques; tissus; organes; appareils d'organes.

ÉLÉMENTS ANATOMIQUES

Granulations. — (particules protéiques, graisseuses, pigmentaires, ordinairement contenues dans les cellules).

Cellules. — Éléments anatomiques par excellence jouissant d'une vie propre; se nourrissent, grandissent, se multiplient : connectives, médullaires (moelle des os) contractiles (muscles), nerveuses, épithéliales, glandulaires).

Fibres. — Connectives, élastiques, musculaires, nerveuses.

TISSUS.

Constitués par le groupement d'éléments anatomiques : quatre sortes de tissus.

Tissus de nature conjonctive. — Conjonctif ou cellulaire, mou, blanchâtre, spongieux, aréolaire, humecté de sérosité; entoure tout le corps, chaque organe et chaque faisceau.
Adipeux : graisse accumulée dans les mailles conjonctives.
Fibreux : formé de fibres connectives entrecroisées, blanc, non extensible (tendons, aponévroses).

1

TISSUS (suite) . . .

Élastique : jaunâtre, extensible, très consistant (suspenseur du boulet, ligament cervical, etc.).

Osseux : tissu propre composé d'une base gélatineuse infiltrée de sels calcaires et magnésiens, entourée d'une membrane génératrice, le périoste, et pénétré intérieurement par des cellules médullaires.

Cartilagineux. : cartilages et fibro-cartilages (cartilages temporaires et permanents).

Tissu de cellules. — Épithélial : épithélium de la peau, des muqueuses, séreuses et membranes vasculaires.
Glandulaire : celluliforme, tubuliforme, très vasculaire et très nerveux.

Tissu musculaire. — A fibres lisses ou striées (de la vie de relation ou de la vie végétative).

Tissu nerveux. — Substance grise (exclusivement fibreuse) et substance blanche (à la fois fibreuse et cellulaire).

ORGANES. — Agglomération de tissus ayant forme déterminée et mission spéciale à remplir (pleins ou creux).

APPAREILS D'ORGANES

Ensemble d'organes concourant à l'accomplissement de la même fonction
Huit appareils d'organes dans l'organisme :

1° Appareil de la locomotion ;
2° — de la digestion ;
3° — de la respiration ;
4° — de la circulation ;
5° — de la dépuration urinaire ;
6° — de l'innervation ;
7° — des sens ;
8° — de la génération.

SIGNES GÉNÉRAUX DE LA SANTÉ ET DE LA MALADIE . . . .

Santé. — Se couche rarement ; attention facile à éveiller ; respiration et battements du cœur réguliers (12 ou 15 respirations, 36 à 40 pulsations) ; bon appétit ; muqueuses fraîches et rosées (conjonctive) ; bouche fraîche ; poil luisant ; crottins bien marronnés, luisants, assez foncés ; œil vif et mobile, démarche aisée.

Malade. — Positions irrégulières ; tête basse, triste ; respiration précipitée ; pouls agité ou imperceptible ; muqueuses injectées ou pâles ; appétit capricieux ; bouche sèche, chaude ; poil piqué, queue inerte ; urines chargées ; crottins mous ou durs, petits, coiffés ; reins douloureux ou insensibles ; démarche pénible.

Deuxième Question

MEMBRANES TÉGU-MENTAIRES : PEAU ET MUQUEUSES . . Les organes sont enfermés dans deux membranes continues, l'une interne (muqueuses), l'autre externe (peau)

Muqueuses.

Deux couches superficielles (épithélium) et profonde (derme ou chorion); présentent des villosités préposées à l'absorption, des papilles nerveuses, des follicules glandulaires qui secrètent le mucus.

Organes de protection, de sécrétion, de sensibilité et d'absorption; servent souvent de portes d'entrée aux germes des maladies contagieuses (morve); tapissent face interne des organes creux et continuent la peau au pourtour des ouvertures naturelles.

Peau. . . .

Enveloppe extérieure de l'animal, plus ou moins épaisse suivant la race des chevaux et les parties du corps; est doublée d'une couche de graisse et, en certains points, d'un panicule charnu ou muscle étalé. Deux couches superposées :

Derme. — Presque totalité de l'épaisseur : tissu de fibres conjonctives et élastiques, dont la couche superficielle (couche papillaire) est formée de papilles nerveuses qui, se terminant par les papilles (organes du tact, couches papillaires du derme), en font un organe de tact délicat. Contient dans son épaisseur : 1° les follicules pileux; 2° les glandes sébacées; 3° les glandes sudoripares; 4° des pelotons adipeux. A l'extrémité des membres, la peau se modifie pour constituer la chair du pied ou couche génératrice du sabot.

Épiderme. — Mince pellicule insensible, étendue à la surface du derme; deux couches, la première, profonde, réseau muqueux de Malpighi (pigment), la seconde superficielle ou cornée dont les cellules se renouvellent incessamment.

Fonctions de l'épiderme : protéger la peau contre les influences extérieures chimiques et mécaniques.

Le sabot, la châtaigne, les ergots sont des modifications de l'épiderme.

Appendices tégumentaires

Productions pileuses de la peau : dépendances de l'épiderme.

Poils. — Dont l'ensemble constitue la robe de l'animal; chaque poil comprend la tige et la racine; celle-ci est formée d'un follicule pileux, inclus dans le derme et flanqué de deux glandes sébacées, ainsi que de fibres musculaires lisses, dont les contractions produisent la chair de poule.

Crins. — Toupet, crinière, queue.

Cils. —

Tentacules. — Aux environs de la bouche.

Duvet. — Poils courts, fins et ras (lèvres, fourreau, etc.).

FONCTIONS DE LA PEAU. — Constituée comme ci-dessus, la peau est un organe de protection, de tact, d'absorption, de respiration et de dépuration. — La suppression de ses fonctions sur une grande surface entraîne des troubles asphyxiques et même la mort.

MALADIES DE LA PEAU

A. — *Maladies parasitaires.*

Gales. — Maladies parasitaires dues aux acares.

1° **Gale sarcoptique.** — La plus grave, due au sarcopte, se montre sur tout le corps; est très tenace et contagieuse; se reconnaît à la peau plissée et sillonnée de galeries acariennes.

2° **Gale psorotique.** — Due au psoropte; se confine à la crinière (rouvieux), à la queue, sur la ligne du dos; sous formes de plaques qui s'agrandissent à la périphérie.

3° **Gale symbiotique** ou des membres. — Due au symbiote.
Toutes les gales étant contagieuses exigent les mêmes mesures d'isolement et de désinfection. Comme traitement, tonte et application sans friction d'un mélange de pétrole, benzine et huile d'arachides.

Herpès ou teigne. — Maladie parasitaire, très contagieuse par les effets de pansage et de harnachement. Plaques dartreuses dues à un champignon, le *tricophyton tonsurans*. Très commun chez les jeunes chevaux; très contagieux. A trois formes, l'*herpès tonsurans* (pièces de 1 à 5 francs) ; l'*herpès circiné* (anneau dépilé entourant un centre piloux); l'*herpès épilans* (éruption papuleuse ou croûteuse). Traitement : tondage partiel; lavages au savon, puis application de teinture d'iode, d'huile de cade... Désinfection des effets de pansage, selle, couvertures, etc.

Phthiriase. — Maladie parasitaire due aux poux. — Réclame de bons pansages, parfois la tonte et des lavages avec le mélange de pétrole, benzine et huile d'arachides ou avec la décoction de tabac à 1 pour 10.

Boutons d'œstres. — Boutons qui apparaissent au printemps sur les chevaux sortant des prés et dus à l'éclosion d'une larve d'œstre. Presser autour du bouton pour en faire sortir la larve.

Boutons hémorrhagiques. — Boutons saigneux, plus petits que les précédents, particuliers aux chevaux hongrois et russes. — Dus à la présence d'une filaire. On vide le bouton par pression; on laisse guérir seul.

B. — *Maladies prurigineuses.*

Échauboulure. — Éruption cutanée bulleuse analogue à l'urticaire de l'homme; apparaît soudainement au printemps et est ordinairement fugace. Sulfate de soude ou sel de nitre et régime rafraîchissant (carottes); lotions d'eau vinaigrée.

Eczéma. — Éruption vésiculeuse de la peau; puis plaques dépilées; démangeaisons. A l'intérieur, liqueur de Fowler; sur la peau, lavages, bons pansages, suées et lotions antiseptiques de Van-Swieten ou phéniquées, etc. Régime du vert.

C. — *Maladies diathésiques ou dartreuses.*

Dartres. — Démangeaisons chroniques et persistantes de la peau, qui se traduisent par des plaques *sèches*, *humides* ou *rongeantes*, c'est-à-dire entamant le derme; semblent se développer par suite d'une prédisposition héréditaire ou constitutionnelle. Couper les poils; soins de propreté et applications de pommades sulfureuse d'Helmérich, mercurielle à l'intérieur, arsenic.

Troisième Question

APPAREIL DE LA LOCOMOTION. — Locomotion, fonction préposée à l'exécution des mouvements par lesquels l'animal se déplace ou prend différentes attitudes : organes passifs, les *os* : organes actifs : les *muscles*.

DES OS EN GÉNÉRAL. — Pièces constituantes du squelette, leviers résistants, d'apparence pierreuse, unis entre eux par articulations et mus par les *muscles* : 189 os chez le cheval.

DIVISION DES OS.

- selon leur position
  - os *pairs* ou *asymétriques* (membres, côtes, etc.).
  - os *impairs* ou *symétriques* (sternum, vertèbres, etc.).
- selon leur forme
  - os *longs*, canal médullaire (fémur, tibia, etc.).
  - os *allongés* (côtes).
  - os *larges* ou *plats* (scapulum).
  - os *courts* (phalanges).

PARTICULARITÉS EXTÉRIEURES DES OS.

Os longs et allongés; ont une partie moyenne, dyaphyse, terminée par des épiphyses plus ou moins renflées.

Os plats ; ont deux faces, des bords, des angles.

Os courts ; ont plusieurs faces, angles plans et deux extrémités ordinairement articulaires (vertèbres, phalanges).

Tout os peut présenter . . .
- des éminences
  - articulaires.
  - non articulaires ou d'insertion musculaire, tendineuse ou aponévrotique (apophyses).
- des cavités :
  - articulaires.
  - non articulaires ou d'insertion.

STRUCTURE DES OS.

Tissu osseux ou propre. — Trame organique à base de gélatine, destructible par le feu et dans laquelle sont des sels calcaires et magnésiens solubles dans les acides. (acide azotique ou chlorhydrique). D'après la densité de la trame, deux sortes de tissu osseux : tissu compact à la surface, tissu spongieux au centre, surtout dans les os courts.

Périoste. — Membrane fibreuse très vasculaire et très nerveuse recouvrant l'os; préside à la formation et à la nutrition du tissu osseux (inflammation du périoste, cause des exostoses).

Moelle osseuse. — Substance de coloration variable contenant différents éléments cellulaires, au nombre desquels toujours des vésicules adipeuses; remplit le canal médullaire et les mailles du tissu spongieux.

Vaisseaux artériels et veineux. — Pénètrent dans les os par les trous nourriciers et assurent la nutrition de l'os.

STRUCTURE DES OS (suite).

Nerfs. — Se distribuent surtout au périoste et à la moelle.

Les os ne se développent que successivement : état muqueux et cartilagineux dans l'embryon : squelette complètement développé vers six ans, puis se modifiant dans l'âge adulte (os plus fragiles). Influence de l'alimentation sur les os.

DES ARTICULATIONS : DIFFÉRENTES SORTES. — Différents modes d'assemblage ou de coaptation des os entre eux. — Les os sont mis en contact par les surfaces articulaires qui ont la forme de facettes, d'éminences, de cavités et sont quelquefois complétées par des fibro-cartilages (ménisques).

Les os concourant aux articulations sont maintenus entre eux par des ligaments dont les uns sont périphériques et les autres intra-articulaires. Les premiers sont membraniformes ou funiculaires, les seconds toujours funiculaires.

La synovie, secrétée par les capsules synoviales, est destinée à lubréfier les surfaces en contact.

ARTICULATIONS . . .

Mobiles ou diarthroses.

Enarthroses. — Emboîtement d'une tête dans une cavité : permet mouvements dans tous les sens (articulation scapulo-humérale).

Charnière parfaite. — Permet la flexion et l'extension (articulation du coude du jarret).

Charnière imparfaite. — Permet en plus quelques mouvements accessoires, rotation, adduction, abduction (art. temporo-maxillaire, occipito-atloïdienne, fémoro-tibiale).

Articulation pivotante. — Un des abouts articulaires formant pivot s'emboîte dans l'autre ; ne permet que la rotation (articul. atloïdo-axoïdienne).

Articulation planiforme. — Ne permettant que le glissement des surfaces articulaires les unes sur les autres (articul. carpo-métacarpienne).

Immobiles, synarthroses ou sutures. — Os de la tête dans le jeune âge ; surfaces articulaires unies par un cartilage qui s'ossifie peu à peu.

Mixtes ou amphiarthroses. — Surfaces articulaires réunies par fibro-cartilage intermédiaire et ligaments périphériques ; ne permettant que mouvements bornés de bascule (vertèbres).

DE LA BOITERIE EN GÉNÉRAL . . . . .

Boiterie. — Irrégularité d'allure ayant pour cause une lésion quelconque de l'appareil locomoteur.

La boiterie est continue ou intermittente (vice rédhibitoire).

Au point de vue du degré, l'animal *feint, boite, boite bas, à trois jambes.*

Diagnostic de la boiterie. — Trouver le membre boiteux, le siège de la boiterie, la nature de la boiterie.

Au repos. — Attitude ; usure du fer.

en marche .

Membre antérieur . . temps d'appui diminué. percussion moins forte sur sol. tête s'abaisse pendant l'appui du membre sain.

Membre postérieur. . Mêmes signes que pour le membres antérieurs, mouvement de la hanche, du jarret.

DE LA BOITERIE EN GÉNÉRAL (suite).
Certaines boiteries sont plus ou moins sensibles, selon le terrain sur lequel on fait trotter le cheval (terrain dur ou mou, en pente, cheval en cercle, en ligne droite). Explorer le membre boiteux : déférer et fouiller le pied (bleime, seime, clou de rue, tacot) ; tâter la jambe (chaleur, sensibilité) ; examiner les tares dures ou molles.
Traitement variable selon la nature et la cause.

DE L'ARTHRITE. — Inflammation des divers tissus qui concourent à la formation d'une articulation (surfaces articulaires, synoviales, ligaments, cartilages).
Traumatique. — Succédant aux plaies pénétrantes ou contusions.
Aiguë ou chronique. — Suivant son degré d'acuité.
Rhumatismale. — Consécutive à certaines maladies infectieuses.
Des jeunes chevaux. — Ordinairement liée à un état misérable ou due à une prédisposition héréditaire, etc.

Vésicatoire, irrigation continue, salycilate de soude : emploi de l'azotate d'argent fondu dans les plaies articulaires. Mettre le feu en pointes ou en raies suivant les cas ; lorsque l'état aigu est passé et qu'il reste un manchon fibreux, des hydropisies synoviales, des exostoses, etc.

Quatrième Question

DU SQUELETTE. — Ensemble des os constituant la charpente du corps. — Squelette naturel ou artificiel.

Division du squelette
- TRONC
  - Tête
    - Crâne.
    - Face.
  - Rachis.
  - Thorax.
- MEMBRES
  - Antérieurs.
  - Postérieurs.

COMPOSITION ET AGENCEMENT DES DIFFÉRENTES PARTIES DU SQUELETTE

Tête :
Os DU CRANE
7 os plats.

Occipital (1) : protubérance occipitale, trou occipital, apophyse basilaire.
Pariétal (1) : plafond de la boîte cranienne ; crêtes pariétales.
Frontal (1) : apophyse orbitaire (arcade sourcilière).
Ethmoïde (1) : en forme de crible, au-dessus des fosses nasales.
Sphénoïde (1) : partie postérieure du crâne.
Temporaux (2)
- partie écailleuse (tempe) : apophyse zygomatique.
- partie pétrée (oreille interne).

COMPOSITION ET AGENCEMENT DES DIFFÉRENTES PARTIES DU SQUELETTE (suite).

Tête :

OS DE LA FACE (21 os).

Mâchoire supérieure (19 os plats) :

- *Grands sus-maxillaires* (2) : alvéoles des molaires, épine sus-maxillaire.
- *Petits sus-maxillaires* (2) : alvéoles des incisives.
- *Sus-nasaux* (2) (base du chanfrein).
- *Lacrymaux* (2).
- *Zygomatiques* (2) (crête zygomatique).
- *Palatins* (2) (voûte palatine).
- *Cornets supérieurs et inférieurs* (4) (membrane pituitaire).
- *Ptérygoïdiens* (2).
- *Vomer* (1) : supporte cloison cartilagineuse du nez.

Mâchoire inférieure :

- *Maxillaire inférieur* (1) : un corps et 2 branches ; auge, alvéoles des molaires, bord refoulé (ganaches). Apophyse coronoïde, condyle.

Hyoïde :

- Placé en appendice entre les deux branches du maxillaire (1 corps et 4 branches) sert de support à la langue, au larynx, au pharynx.

Rachis ou colonne vertébrale : tige solide et flexible composée des *vertèbres* qui présentent un corps, un anneau (canal rachidien), quatre facettes articulaires, une apophyse épineuse, deux apophyses transverses.

5 GROUPES DE VERTÈBRES :

- *Région cervicale* (7) : Atlas, axis, proéminente.
- *Région dorsale* (18) : apophyses épineuses très développées.
- *Région lombaire* (6) : apophyses transverses très développées.
- *Région sacrée* (5) : soudées formant le sacrum (épine sacrée).
- *Région coccygienne* (12 à 20) : vout en s'amincissant

Tous ces os, articulés entre eux, sont maintenus par deux puissants ligaments qui limitent la mobilité des vertèbres et assurent à toute la tige à la fois solidité et souplesse ; ce sont :

a) Le *ligament cervical* (corde et partie lamellaire) qui part du sommet de la tête et va au garrot (blessure du garrot, de l'encolure, de la nuque).

b) Le *ligament dorso-lombaire* qui part de la 6ᵉ vertèbre dorsale à l'épine sacrée (chevaux rognonnés).

Thorax. — Sorte de cage dont les parois sont constituées par les vertèbres dorsales, le sternum et les côtes.

STERNUM :

- Os impairs : 8 cavités des côtes sternales.
- En avant, prolongement trachélien.
- En arrière, appendice xyphoïde.

COMPOSITION ET AGENCEMENT DES DIFFÉRENTES PARTIES DU SQUELETTE (suite)

Côtes. — 18 os pairs : allongés, courbes ; espaces intercostaux (tête, col, facettes articulaires) ; chaque côte s'articule à la fois avec 2 vertèbres contiguës.
8 vraies côtes ou sternales.
10 fausses côtes ou asternales (cercle cartilagineux).
Mobilité pour l'inspiration et l'expiration.

MEMBRES. — Colonnes brisées et articulées destinées à supporter le tronc et à le mouvoir : antérieurs ou thoraciques ; postérieurs ou abdominaux ; bipèdes antérieurs, postérieurs, latéraux droit et gauche ; diagonaux droit et gauche.

MEMBRES ANTÉRIEURS.

Scapulum — Os pair : aplati, triangulaire, direction oblique.
Fibro-cartilage de prolongement, épine de l'acromion (fosses sus et sous-acromiennes ou épineuses), cavité glénoïde (tête de l'humérus).
Apophyse coracoïde (insertion du muscle fléchisseur de l'avant-bras ou coraco-radial).

Humérus. — Os long, tordu sur lui-même, direction oblique inverse de celle du scapulum ; (tête, trochiter, trochin, épicondyle, épitrochlée, fosse olécranienne).

Radius et cubitus. — Soudés en partie ensemble.
Olécrane, partie détachée du cubitus.

Os du pied.

Carpe — 7 os carpiens ; 4 en haut (os crochu en arrière), 3 en bas.

Métacarpe — Canon : os long cylindroïde.
2 métacarpiens rudimentaires externe et interne (péronés), terminés par un bouton.

Région digitér — 1re phalange (os du paturon) complétée par les deux grands sésamoïdes.
2e phalange (os de la couronne, formes).
3e phalange (os du pied) complétée par petit sésamoïde ou os naviculaire.

MEMBRES POSTÉRIEURS

Coxal — Os pair articulé avec sacrum et fémur (cavité cotyloïde), composé de trois pièces qui se réunissent après la naissance :
Illium : en avant (bosse du saut, pointe de la hauche).
Ischium : en arrière, pointe de la fesse.
Pubis : au-dessous (plancher du bassin).

Fémur — Os pair, irrégulièrement cylindrique ; tête, trochanter, trochlée, poulie sur laquelle glisse la rotule.

Os de la jambe — Tibia : os long et prismatique ; crête du tibia.
Péroné : petit os sur côté externe du tibia.
Rotule : os court retenu au tibia par trois ligaments, au fémur par deux.

2

| MEMBRES POSTÉ-RIEURS (suite) . . . | Os du pied . . | *Tarse.* — 6 ou 7 os . . . . | En haut, deux : astragale et calcaneum. En bas 4 ou 5 : os plats. |
| | | *Métatarse.* — Région digitée . . | Comme aux membres antérieurs. |

MODE D'UNION DES MEMBRES AU TRONC.

Postérieurs. — Directement articulés avec colonne vertébrale pour permettre la transmission intégrale de l'impulsion.

Antérieurs. — Ne s'articulent pas directement avec le tronc. Unis par muscles et aponévroses qui les attachent au garrot d'une part et de l'autre forment, par la réunion des deux muscles grands dentelés, une sorte de sangle sous laquelle repose le thorax. Cette disposition favorise le double rôle de soutien et d'amortissement dévolu aux membres antérieurs.

COMPARAISON DES DIFFÉRENTS RAYONS DU CHEVAL AVEC CEUX DE L'HOMME.

Membres antérieurs. — Scapulum, humerus, radius, cubitus correspondent à l'épaule, au bras, à l'avant-bras, au coude (pas de clavicule chez le cheval).
Carpe ou genou correspond au poignet.
Métacarpe correspond aux os métacarpiens ou corps de la main.
Région digitée correspond aux phalanges des doigts.

Membres postérieurs. — Coxal, fémur, rotule, tibia correspondent au bassin, cuisse, genou, tibia.
Tarse correspond à la cheville.
Calcaneum correspond au talon.
Métatarse correspond à l'os métatarsien ou corps du pied.
Région digitée correspond aux phalanges des doigts de pied.

EMBARRURE. — Blessure produite par l'enchevêtrement des membres dans les bat-flancs : plus fréquente aux membres postérieurs. — Se traduit suivant gravité par simple excoriation, plaie contuse ou plaie profonde articulaire, compliquée de fracture, etc. — Dans le cas d'accident simple, douches ou bains, flanelles, pansements à l'eau phéniquée, etc. — En cas de gravité, traitement très variable.

PRISE DE LONGE. — Blessure faite par chaine ou longe, habituellement au pli du paturon : plus fréquente aux membres antérieurs, plus grave aux membres postérieurs. Repos absolu : douche ou bains en cas de simple engorgement. — En cas de plaie au paturon, cataplasmes ou pansements antiseptiques.

Cinquième Question

DES MUSCLES ET DES TENDONS . . . . .

Muscles. — Organes mous, rougeâtres, extensibles et rétractiles : agents actifs des mouvements.
Composent la masse du corps dont ils déterminent les formes extérieures.

On distingue :
- Muscles LISSES ou de la vie organique : soustraits à la volonté (parois des viscères).
- Muscles STRIÉS (à cause de la disposition de leurs fibres) soumis à la volonté, meuvent et soutiennent le corps.

DES MUSCLES ET DES TENDONS (suite)

Tissu musculaire. — Se compose de faisceaux prismatiques, se subdivisant jusqu'à la fibre musculaire initiale composée de petits disques superposés appelés *sarcous éléments*. Enveloppe conjonctive de chaque muscle et chaque faisceau, vaisseaux et nerfs pénétrant entre les faisceaux constitutifs pour leur apporter l'élément nutritif et l'excitation nerveuse.

Les muscles sont presque toujours prolongés ou renforcés par : 1° des *tendons* ou cordes inextensibles (tissu fibreux blanc) qui transmettent leurs contractions et leur servent d'agents d'insertion (perforant, perforé, extenseur); 2° des aponévroses, membranes fibreuses, variées, qui les renforcent, leur servent d'insertion, etc.

L'insertion des muscles se fait par leurs extrémités : origine (partie fixe), terminaison (partie mobile), mais le plus souvent l'insertion est alternativement fixe ou mobile.

Muscles congénères : concourrant au même effet.

Muscles antagonistes : tendant à produire effet opposé.

DES APONÉVROSES, GAINES TENDINEUSES, BOURSES MUQUEUSES

Annexes qui favorisent le rôle des muscles.

Aponévroses de contention. — Membranes formées de fibres entrecroisées très fortes destinées à maintenir les muscles en position et à les soutenir pendant leur contraction.

Gaines tendineuses. — Manchons fibreux traversés par les tendons et tapissés des membranes synoviales, destinées à favoriser le glissement de ces derniers.

Bourses muqueuses ou séreuses. — Cavités remplies de sérosité dans certaines parties en saillie où les tendons glissent sur surface résistante et sous la peau (boulet, jarret, coude, etc.).

ACCROISSEMENT DES MUSCLES. — Accroissement des muscles en longueur et épaisseur pendant la première moitié de la vie : une bonne hygiène peut les maintenir longtemps à leur état maximum : ils dégénèrent par suite d'inaction, d'alimentation insuffisante, de maladie ou d'infiltration graisseuse. La gymnastique a une grande influence sur leur développement : ceux qui ont des contractions fortes et lentes s'accroissent en volume (chevaux de gros trait); ceux qui se contractent en mode de vitesse s'allongent en même temps qu'ils grossissent.

DE LA CONTRACTION MUSCULAIRE; SON INTENSITÉ; SON CARACTÈRE INTERMITTENT. — CONTRACTION. — Phénomène dans lequel un muscle se raccourcit momentanément et gagne en grosseur ce qu'il perd en longueur (environ 1/4) : la force de la contraction est proportionnelle à la longueur et au nombre de fibres, c'est-à-dire au volume du muscle. Pour qu'un muscle se contracte, il faut qu'il y ait :

1° Apport de sang artériel (chaleur dégagée).

2° Transmission de l'excitabilité par les nerfs (volonté pour les muscles de la vie animale; liquides et solides des viscères pour les muscles de la vie organique).

La contractibilité musculaire peut être affaiblie ou anéantie (arrêt de circulation, lésions nerveuses, effets toxiques de certaines substances), ou augmentée (chocs, piqûres, nourriture, etc.).

Toute contraction musculaire entraîne un dégagement de chaleur et l'oxydation du sang qui a besoin d'être renouvelé. Aussi la contraction musculaire est essentiellement intermittente; d'où utilité de ligaments élastiques donnés comme auxiliaires à certains muscles (ligament cervical, tunique abdominale, ligament suspenseur du boulet).

DES MUSCLES EN PARTICULIER.

Panicule charnu — Muscle sous-cutané adhérent à la peau sous laquelle il s'étale et qu'il fait trémousser en se contractant.

Muscles de la tête —
1° Muscles de la région faciale ou du chanfrein (11).
2° Muscles des mâchoires (5 pairs) dont les principaux sont le masséter (machoire inférieure) et le crotaphyte (mâchoire supérieure).
3° Muscles de la langue (hyoïdiens).
4° Muscles des yeux et des paupières.
5° Muscles des oreilles.

Muscles de la colonne vertébrale —

Région cervicale.
- *Supérieure.* — Splénius, grand complexus; trapèze, grand dentelé de l'épaule; meuvent surtout la tête sur l'encolure.
- *Inférieure.* — Mastoïdo-huméral : fléchissent l'encolure et la tête, abaissent le larynx, portent le membre antérieur en avant.

Région spinale (du dos et des lombes). — (Ilio-spinal, grand dorsal) formant la partie charnue du dos et des lombes, meuvent l'épaule, la colonne vertébrale et les côtes.

Région sous lombaire. — Psoas : fléchissent la cuisse sur le bassin, le bassin sur le rachis, voussent le rein, le fléchissent latéralement, etc.

Région coccygienne : Muscles moteurs de la queue.

Muscles de la poitrine et de l'abdomen —

Région sternale. — 2 pectoraux qui forment la partie charnue du poitrail.

Région costale. — Grand dentelé qui attache le membre antérieur; intercostaux qui sont inspirateurs et expirateurs.

Région abdominale. — 4 muscles pairs renforcés par la tunique abdominale qui est fibro-élastique. Ils contribuent à la défécation, à l'urination, à l'expiration, etc.

Région diaphragmatique. — Diaphragme qui sépare le thorax de l'abdomen et est inspirateur.

Muscles des membres antérieurs —

Muscles de l'épaule. — Situés de chaque côté du scapulum; se terminent sur le bras dont ils commandent les mouvements.

Muscles du bras. — Entourent l'humérus, remplissent l'angle scapulo-huméral, sont moteurs de l'avant-bras et affermissent les articulations de l'épaule et du coude.

Muscles de l'avant-bras (aponévrose anti-bracchiale) —
- Région antibrachiale antérieure : 2 extenseurs du métacarpe. 2 extenseurs des phalanges.
- Région antibrachiale postérieure : 3 fléchisseurs du métacarpe. 2 fléchisseurs des phalanges, le fléchisseur superficiel et le fléchisseur profond prolongé par les tendons perforé et perforant (gaine carpienne et gaine métacarpo-phalangienne).

| | | Les deux tendons fléchisseurs sont aidés par le suspenseur du boulet qui commence à la partie supérieure du carpe et se termine aux grandes sésamoïdes par deux branches. |

Muscles des membres antérieurs.

Muscles de l'avant-bras (suite) : Les deux tendons fléchisseurs sont aidés par le suspenseur du boulet qui commence à la partie supérieure du carpe et se termine aux grandes sésamoïdes par deux branches.

Muscles du pied. — Sans importance, souvent imperceptibles.

DES MUSCLES EN PARTICULIER (suite) . .

Muscles des membres postérieurs.

Muscles de la croupe (fessiers). — Meuvent la cuisse, contribuent au cabrer.

Muscles de la cuisse. — Région crurale antérieure ou rotulienne ; région crurale postérieure ou proplitée ; région crurale interne. Ils sont moteurs de la jambe.

Muscles de la jambe. — Région jambière antérieure (extenseurs antérieur et latéral des phalanges ; fléchisseur du métatarse).

Région jambière postérieure (jumeaux de la jambe, fléchisseur superficiel et profond des phalanges ; continués par les mêmes tendons que dans le membre antérieur). Le tendon des jumeaux et le tendon perforé s'enroulent pour former la corde du jarret.

Muscles du pied. — Aussi insignifiants qu'aux membres antérieurs.

EFFORT DE REINS. — Lésions diverses du rein accompagnées parfois de douleurs vives et toujours de faiblesse et d'irrégularité dans la démarche. — Dû à une distension des ligaments intervertébraux, des efforts de tirage ou autres, à une inflammation de la moelle épinière, à la paralysie, etc. (chez les jeunes chevaux, mal de chien).

Repos : applications vésicantes ou feu, strychnine, électricité. Iodure de potassium pour le mal de chien.

PARAPLÉGIE. — (Voir à la Xᵉ question).

RHUMATISMES. — État douloureux et plus ou moins inflammatoire des muscles, des synoviales tendineuses ou articulaires. D'où : rhumatisme musculaire et rhumatisme articulaire aigu ou chronique (influence du froid et de l'humidité, de maladies infectieuses intérieures) ; frictions excitantes ou irritantes, douches tièdes ou froides. Traitement interne : sel de nitre, iodure de potassium ou salicylate de soude.

Sixième Question

APPAREIL DIGESTIF. — Destiné à puiser au dehors les éléments d'entretien, de reconstitution de l'organisme et à les transformer pour les mettre à même d'être incorporés aux organes : long tube parcourant tout le corps, plusieurs fois replié sur lui-même, renflé de distance en distance et pourvu d'organes annexes pour la plupart glandulaires. Il se compose d'organes préparateurs et d'organes essentiels.

**ORGANES PRÉPARA-
TEURS DE LA DIGES-
TION.** . . . . . .

Bouche . . .

Vestibule du canal digestif, deux ouvertures : préhension, gustation. insalivation, mastication, déglutition; muqueuse buccale (papilles du goût) : comprend : lèvres, joues, palais, langue (frein), voile du
palais, dents incisives et molaires.
Organes annexes. — Glandes salivaires.
Parotides : sous les oreilles; canal de Sténon débouche en regard de la troisième molaire supérieure.
Maxillaires : canaux de Wharton s'ouvrant sur les barbillons situés sous la langue et de chaque côté de
son frein.
Glandes sublinguales.
Glandes molaires.
La salive ramollit les aliments, dissout une partie de
leurs principes, favorise la formation du bol alimentaire.

**Pharynx ou
arrière-bou-
che** . . , .

Carrefour musculo-membraneux où débouchent : voies
respiratoires (fosses nasales, larynx), voies digestives (bouche, œsophage) et la trompe d'Eustache.
Concourt à la déglutition des liquides et des solides.
Rôle de soupape rempli par l'épiglotte.

Œsophage . .

Canal tubulaire musculo-membraneux sert au transport des aliments du pharynx dans l'estomac :
première moitié à gauche de l'encolure, contractile
et dilatable; seconde moitié au milieu dans la cavité
thoracique, parois épaisses et rigides; s'ouvre dans
l'estomac (petite courbure) par un orifice appelé
cardia (obstacle au vomissement).

**ORGANES ESSENTIELS
DE LA DIGESTION.** . .

Cavité abdominale. — Contient les viscères : tapissée par le péritoine,
sac séreux (deux feuillets continus, pariétal et viscéral ; mésentères,
epiploons, gaine vaginale).

Estomac. — Réservoir contractile, musculo-membraneux : 14 à 15 litres ;
deux courbures, deux sacs intérieurs, le gauche, évasement de l'œsophage (cardia) muqueuse, blanche, lisse, mince ; le droit, véritable
estomac, secrétant le suc gastrique ; muqueuse vasculaire et glandulaire très riche, épaisse, rouge ; se termine en s'effilant par une large
ouverture, le pylore.

Intestin grêle
(22 m. de lon-
gueur) . .

Duodenum, partie antérieure fixe (orifice des canaux
pancréatique et cholédoque).
Jejunum et ileum, partie flottante dans le flanc
gauche, se termine à la crosse du cæcum par une
ouverture que ferme au retour des aliments la val-
vule iléo-cæcale.

Gros intestin .

Cæcum, sac conique replié en crosse dans le flanc
droit; réservoir des boissons, capacité 35 litres ; se
remplit de gaz en certains cas de coliques et peut
être ponctionné.

ORGANES ESSENTIELS DE LA DIGESTION (suite) . . . .

Gros intestin (suite) . . .

CÔLON . . . . {
replié ou gros côlon, énorme canal d'une capacité de 85 litres.
flottant ou petit côlon, mêle ses circonvolutions à celles de l'intestin grêle, se continue par le rectum.

Rectum, traverse le bassin et se termine par l'anus (sphincter).

Organes annexes . . .

Foie. — En arrière du diaphragme, glande volumineuse (3 à 5 kil.), couleur brune, tissu friable et granuleux; trois lobes; secrète la bile (canal cholédoque), et fabrique du sucre (veines sus-hépatiques).

Pancréas. — A la partie antérieure de la région sous-lombaire, entre le foie et les reins; secrète le liquide pancréatique (canal de Virsung).

Rate. — A gauche de l'estomac, organe spongieux, vasculaire, rouge violacé; fonctions indéterminées.

MÉCANISME DE LA DIGESTION POUR LES ALIMENTS ET LES BOISSONS . . . . .

Faim. — L'estomac paraît en être le siège, sa perversion s'appelle pica ou malacia, son exagération, boulimie.

Soif. — Causes : après manger ou déperdition aqueuse éprouvée par le sang; siège : muqueuse du pharynx.

Préhension. — Solides : lèvres, incisives, langue; liquides, succion ou pompement.

Mastication. — Dents molaires (rôle des joues et de la langue), son importance, bol alimentaire (faire magasin).

Insalivation. — Salive formée d'eau, de sels, de la diastase salivaire, 40 à 42 kilos par vingt-quatre heures. La salive humecte, ramollit, lubréfie les aliments, transforme leur fécule ou l'amidon en dextrine, puis en glucose soluble et absorbable.

Déglutition. — Trois temps : passage de la bouche dans le pharynx (volontaire); traversée du pharynx (inconscient), traversée de l'œsophage (involontaire).

Digestion stomacale ou gastrique. — Les aliments, broyés et imprégnés de salive, sont brassés dans l'estomac et y subissent l'influence du suc gastrique, d'où résulte leur transformation en chyme, sorte de bouillie. Cet acte est la chymification.

Suc gastrique : liquide incolore, acide, salé, dont le principe actif est la pepsine qui transforme les matières azotées en peptones pour les rendre absorbables. D'autre part, la salive continue la saccharification des matières azotées, et ces deux phénomènes caractérisent le côté chimique de la digestion stomacale. Au point de vue mécanique, influence de la digestibilité des aliments et des contractions de l'estomac. L'avoine a besoin de rester plus longtemps (ordre des aliments dans les repas : fourrage, eau, avoine).

Digestion intestinale. — Elle s'effectue : 1° d'abord dans l'intestin grêle où le suc pancréatique continue la saccharification des féculents et émulsionne ou dissout les graisses : la bile agit de même sur les graisses et stimule l'intestin : les sucs intestinaux saccharifient les féculents, émulsionnent les graisses et dissolvent les matières azotées :

MÉCANISME DE LA DIGESTION POUR LES ALIMENTS ET LES BOISSONS (suite)	le chyme ainsi modifié est peu à peu absorbé à mesure qu'il chemine (chylifères) ; 2° dans le gros intestin où se termine la digestion et l'absorption des produits assimilables. C'est par le cæcum où, d'autre part, s'accumulent les boissons, que commence l'opération, qui se continue dans le gros côlon (ballonnement, tassement et durcissement des matières). **Défécation.** — Expulsion des résidus non assimilables de la digestion (crottins). **Vomissement.** — Généralement impossible sous peine de rupture de l'estomac, exception (jabot).
MALADIES DE LA BOUCHE ET DU LARYNX.	**Stomatite** (lampas). — Inflammation de la muqueuse buccale. Soigner les dents, nourriture rafraîchissante et de mastication facile, gargarismes d'eau vinaigrée; sulfate de soude. Sangsues. Epillats dans les barbillons. **Parotidite** (oreillons). — Inflammation de la glande parotide, souvent de nature gourmeuse. Cataplasmes, ponction des abcès, etc. **Pharyngite.** — Accompagnée de laryngite; constitue l'angine. Rejet des aliments; grande difficulté de boire. Cataplasmes ou sinapismes : fumigations, boissons tièdes additionnées de sulfate de soude, chlorate de potasse, iodure de potassium.

MALADIES DE L'ŒSOPHAGE. — Inflammation (*œsophagite*), dilatation (*jabot*), déchirure, obstruction du canal œsophagien (carotte, pomme, etc.), barbottages, boissons mucilagineuses.

MALADIES DE L'ESTOMAC.	**Gastrite.** — Inflammation de la muqueuse stomacale. — Bâillements, bouche sèche, soif ardente, inappétence. Bicarbonate de soude; eau de Vichy (2 litres). **Indigestion stomacale.** — Arrêt de la digestion. Breuvages stimulants. **Déchirure de l'estomac** (à la grande courbure), complication généralement mortelle de l'indigestion par surcharge.
MALADIES DE L'INTESTIN (coliques).	Affections nombreuses qui se manifestent le plus souvent par les coliques. **Symptômes.** — Le cheval s'agite dans sa stalle, trépigne, se roule, fait des efforts expulsifs, se campe; parfois mouvements désordonnés et positions anormales; ne tarde pas à être couvert de sueur. **Premiers soins.** — Promenade au pas : frictions sèches, énergiques, avec bouchon de paille sous le ventre et sur le rein; puis frictions sinapisées ou d'essence de térébenthine; bien couvrir le cheval; lavements chauds, savonneux ou sinapisés; breuvages calmants, (camomille, thé, etc.), saignée, etc.

MALADIES DU FOIE. — **Jaunisse ou ictère.** — Régime rafraîchissant.

Déchirure du foie. — Terminaison mortelle de la congestion de l'organe. Saignée, sulfate ou bicarbonate de soude ou eau de Vichy; carottes, vert.

MALADIES DE LA RATE. — Altérations organiques dues généralement à un état infectieux généralisé (morve, charbon, gourme, tuberculose.

PÉRITONITE. — Inflammation du péritoine très sensible chez le cheval. Froid; déchirure stomacale ou intestinale; contusions; castration; kystes des ovaires, etc.; très grave.
Application de pommade mercurielle sur l'abdomen; à l'intérieur, calomel.
Traitement des plaies par les antiseptiques.
Antiseptiques surtout mercuriels intus et extra.

Septième Question

Fonction qui met l'air extérieur en contact dans les poumons avec le sang pour lui donner des propriétés nouvelles. Hématose, transformation du sang veineux en sang artériel.

RESPIRATION

Organes antérieurs

Cavités et fosses nasales. — Deux; droite et gauche.
Ouvertures antérieures (naseaux), fausse narine, trou lacrymal, ladre, tentacules.
Ouverture postérieure ou gutturale, communique avec le larynx par l'intermédiaire du pharynx.
Cavités nasales : membrane pituitaire; cornets et méats; sinus (5), anfractuosités osseuses, véritables diverticules des cavités nasales (sinus frontaux et maxillaires).

Larynx. — Boîte cartilagineuse entre branches de l'hyoïde (5 cartilages : thyroïde, cricoïde, épiglotte 2 arythénoïdes). Rôle de l'épiglotte et des arythénoïdes. Cordes vocales. Membrane muqueuse très sensible.

Trachée. — Tube flexible composé d'anneaux cartilagineux incomplets; conducteur de l'air; se bifurque au niveau de la base du cœur pour former les deux arbres bronchiques.

Organes principaux

Bronches. — Rameaux terminant la trachée : l'arbre bronchique de gauche plus petit. Se divisent à l'infin jusqu'aux vésicules pulmonaires.

Cavité thoracique. — Son rôle actif dans la respiration.

Plèvres. — Membranes séreuses qui tapissent le thorax; trois parties : pariétale, viscérale, médiastine (sépare les poumons); liquide séreux (pleurésie)

RESPIRATION (suite) .

Organes principaux (suite)

Poumons. — Mous, spongieux, roses, dilatables, tissu très léger qui surnage ; droit plus gros, le gauche échancré au niveau du cœur. Le tissu pulmonaire est formé d'une infinité de petits lobules séparés par des cloisons conjonctives. Chaque lobule reçoit un petit tuyau bronchique qui se termine par de petites ampoules dites vésicules pulmonaires. Le poumon a des vaisseaux sanguins (fonctionnels et nutritifs), des lymphatiques et des nerfs.

Corps thyroïde : lobes glanduleux sur les côtés du larynx : usages inconnus. Goître.

Thymus (riz de veau). Chez les poulains entre lames du médiastin, utilité inconnue.

MÉCANISME DE LA RESPIRATION . .

Phénomènes mécaniques. — INSPIRATION : dilatation transversale et longitudinale du thorax, soulèvement et mouvement d'arrière en avant des côtes (muscles inspirateurs), 2 à 21 litres d'air inspiré.
EXPIRATION : phénomène inverse, plus long d'un quart.
Une RESPIRATION se compose des deux mouvements (au repos, de 12 à 14 par minute).

Phénomènes physiques. — Souffle plus fort dans l'expiration que dans l'inspiration, perceptible près des naseaux, de la trachée, du larynx.
Murmure vésiculaire, bruit de l'air dans les vésicules bronchiques, perceptible à l'auscultation du thorax.
Plaintes, bâillements, ébrouement, toux, accompagnent parfois la respiration.

Phénomènes chimiques. — Altération de l'air par la respiration (perte de 50 0/0 d'oxygène ; augmentation notable d'acide carbonique, de vapeur d'eau, d'azote et de matières organiques). Transformation du sang veineux en sang artériel (hématose).

RESPIRATION CUTANÉE. — Peau auxiliaire du poumon : absorbe de l'oxygène, exhale de l'acide carbonique, ce qui constitue la perspiration cutanée très importante (asphyxie) et facilitée par le pansage.

MALADIES DES VOIES ANTÉRIEURES DE LA RESPIRATION . . .

Coryza ou catarrhe nasal. — Inflammation de la muqueuse nasale : ébrouement, jetage, fumigations, injections antiseptiques.
Épitaxis (saignement de nez), hémorragie des cavités nasales, coups, exercice violent : repos, injections, vinaigres.

Collection (inflammation) des sinus. — Coups, jetage intermittent grumeleux, trépanation.

Laryngite. — Souvent liée à la pharyngite. Toux, jetage, sensibilité du larynx. Boissons tièdes, fumigations, eau de goudron.

MALADIES DES BRONCHES . . . . .

Bronchite. — Inflammation de la membrane muqueuse des bronches. Généralement grave, peut être infectieuse.
Sinapismes et vésicants : iodure de potassium, kermès.

MALADIES DES POUMONS . . . . .

Congestion du poumon. — Accumulation du sang.
Aération large : saignée, révulsifs, etc.

Pneumonie. — Inflammation du poumon. Très grave, souvent infectieuse. Sinapismes, antithermiques, demi-diète, régime rafraîchissant.

MALADIES DES POUMONS (suite). . . .

> **Pleurésie.** — Inflammation des plèvres aboutissant à l'accumulation de sérosité dans la poitrine. Sinapismes, vésicatoires, diurétiques chauds, tels que essence de térébenthine.
> Coïncide souvent avec la pneumonie infectieuse. Presque toujours mortelle.

POUSSE OU EMPHYSÈME PULMONAIRE. — Asthme du cheval (dilatation ou déchirure d'un certain nombre de vésicules pulmonaires et accumulation de l'air à l'intérieur du tissu pulmonaire). Se traduit par une irrégularité des mouvements respiratoires (soubresaut de la pousse, ou coup de fouet). Vice rédhibitoire : le cheval poussif est ordinairement impropre à tout service demandant de la vitesse : il y a des exceptions.
Traitement par l'arsenic en supprimant le foin. Rations fermentées:

DIFFÉRENTES SORTES DE CORNAGE . . .

> **Cornage.** — Bruit anormal accompagnant la respiration (surtout l'inspiration) : obstacle apporté au libre passage de l'air.
>
> **Aigu.** — Produit par maladies inflammatoires des premières voies respiratoires (coryza, angine, bronchite). Non rédhibitoire, disparaît avec la cause qui l'a produit.
>
> **Chronique.** — Produit par des tumeurs développées dans les cavités nasales, ou par des déformations du larynx à la suite de la paralysie des cartilages, surtout de l'aryténoïde gauche. Héréditaire et rédhibitoire.
>
> Plus fréquent chez les grands chevaux; bronchites, pneumonie. Des chevaux corneurs peuvent gagner des courses; d'autres peuvent à peine trotter.
>
> Constatation ou épreuves du cornage : exercice en liberté au manège, ou à la longe, ou monté, ou attelé; faire reculer.
>
> **Trachéotomie.** — Fenêtre à la trachée au tiers supérieur pour y maintenir un tube; provisoire dans le cas de cornage aigu, permanente pour le cornage chronique.
>
> **Arythenoïdectomie.** — Ablation du cartilage arythénoïde gauche après ouverture du larynx; opération délicate ne donnant que rarement de bons résultats.

Huitième Question

CIRCULATION SANGUINE ET LYMPHATIQUE . . . . . .

> Fonction qui a pour but de charrier les liquides nutritifs (sang, chyle et lymphe) à travers l'économie; d'où 2 circulations : sanguine et lymphatique.
> **Appareil circulatoire.** — Ensemble des organes chargés de charrier le sang et la lymphe à travers tout l'organisme. Comprend cœur, vaisseaux sanguins, vaisseaux lymphatiques.

CŒUR. — Muscle creux, conoïde, entre les deux poumons, au-dessus du sternum. Séparé par cloison verticale en deux moitiés indépendantes (cœur droit ou à sang noir, cœur gauche ou à sang. rouge), qui elles-mêmes se divisent en oreillette et ventricule communiquant par orifice auriculo-ventriculaire (valvules bicuspide ou mitrale à gauche, tricuspide à droite). Piliers du cœur. Orifices pulmonaire (ventricule droit) et artériel ou aortique (ventricule gauche), garnis tous les deux de valvules sigmoïdes. Intérieur tapissé par endocarde, membrane séreuse. Cœur contenu dans sac fibro-séreux, péricarde.

VAISSEAUX . . . .

Artères. — Centrifuges ; portent le sang du cœur aux organes ; tubes cylindriques à parois élastiques et contractiles.

2 systèmes :

1° Du ventricule droit aux poumons : artère pulmonaire, sang noir.

2° Du ventricule gauche aux organes : système aortique, sang rouge.

Divisions de l'aorte primitive :

    a) Artères coronaires ;

    b) Aorte antérieure (deux troncs bracchiaux ; du droit se détache le tronc des artères carotides ;

    c) Aorte postérieure (artères pariétales ou des parois thoraciques et abdominales et viscérales. ou des organes thoraciques, abdominaux et génito-urinaires) se termine sous les lombes par une double bifurcation qui constituent les artères iliaques internes pour le bassin et externes pour les membres postérieurs.

Veines. — Centripètes ; ramènent le sang au cœur : parois plus minces, moins élastiques que dans artères (replis valvulaires).

3 systèmes :

1° Veines pulmonaires ; sang hématosé des poumons à l'oreillette gauche ;

2° Veines caves ; correspondent à l'aorte :

    a) Veines coronaires :

    b) Veines caves antérieures (veines jugulaires, veines des membres antérieurs, veine de l'éperon etc.).

    c) Veine cave postérieure (veines des organes abdominaux et génito-urinaires, des membres postérieurs ; veines saphènes).

3° Veine-porte, préposée à la circulation du foie. Naît dans les viscères digestifs par un réseau capillaire qui engendre un court tronc, se ramifiant dans le foie sous le nom de veines sous-hépatiques. Les capillaires de celles-ci se déversent dans la veine cave (veines sus-hépatiques).

Capillaires. — Vaisseaux microscopiques établissant la communication entre les artères et les veines.

APPAREIL LYMPHATIQUE. — Vaisseaux chylifères (lymphatiques de l'intestin) et lymphatiques proprement dits, après avoir traversé un ou plusieurs ganglions, se jettent dans la veine cave antérieure par :

a) La grande veine lymphatique (déversoir des lymphatiques du membre antérieur droit, de l'encolure, de la partie droite de la tête et du thorax ;

b) Le canal thoracique originaire de la citerne de Pecquet (déversoir des autres lymphatiques et des chylifères de l'intestin). Les vaisseaux lymphatiques sont cloisonnés par des valvules.

MÉCANISME DE LA CIR-
CULATION : RÔLE DU
CŒUR, DES ARTÈRES,
DES VEINES. . . .

DEUX CIRCULA-
TIONS. . . .

Grande ou *générale*. — Le sang part du ventricule gauche, traverse les organes, revient à l'oreillette droite et tombe dans le ventricule droit.
Petite ou *pulmonaire*. — Le sang part du ventricule droit, traverse les poumons, revient à l'oreillette gauche.
Chemin faisant, le sang recueilli le chyle et la lympe.

Cœur. — Le *cœur* est l'agent actif de la circulation par ses contractions et relâchements alternatifs (systole et diastole) : les chocs du cœur contre la paroi costale constituent les battements du cœur (36 à 40 par minute) qui s'accompagnent des bruits du cœur et proviennent de ses contractions.
Durée d'une rotation complète du sang : 30 secondes.

Artères et veines. — Élasticité et contractilité des parois artérielles font cheminer le fluide sanguin, qui continue à circuler dans les capillaires en vertu de la force impulsive acquise et revient par les veines où il chemine, attiré par l'action inspiratrice et le diastole des oreillettes (valvules des veines s'opposent au mouvement rétrograde du sang).

POULS. — Soulèvement des parois artérielles sous la poussée de l'ondée sanguine qui passe (32 à 35 pulsations par minute) : le pouls se tâte à l'artère glosso-faciale (contour du maxillaire), ou à l'artère sous-zygomatique (tempe), ou à l'artère digitale (canon).

POULS VEINEUX. — Reflux du sang veineux dans les veines, malgré les valvules, en cas d'essoufflement. S'observe à la veine jugulaire.

MALADIES DU CŒUR .

Péricardite. — Inflammation du péricarde et augmentation ou purulence du liquide séreux contenu.
Grave ; soins hygiéniques minutieux, saignées, révulsifs, digitale et salicylate de soude : ponction dans les cas extrêmes.

Endocardite. — Inflammation de la séreuse des cavités du cœur.
Très grave. — Traitement analogue à celui de la péricardite, sauf ponction.

Myocardite. — Altérations inflammatoires du tissu musculaire du cœur.
Toniques, excitants, digitaline, etc.

MALADIES DES ARTÈRES. — ANÉVRISME. — Dilatation morbide des artères, plus spécialement sur la partie abdominale de l'aorte, souvent due à l'obstruction plus ou moins complète du vaisseau par un caillot (embolie). On ne connaît aucun traitement. Peut entraîner subitement la mort par rupture.

MALADIES DES VEINES.

Phlébite. — Inflammation des veines, résultant souvent de la saignée (devenue beaucoup plus rare depuis la vulgarisation de l'antisepsie) Obstruction de la veine par caillot, suppuration, etc.
Débridements, lavages antiseptiques; tamponnement et sutures : quand il y a fistule, cautérisation à l'azotate d'argent. Repos absolu : ne pas laisser le cheval se frotter. — Prévenir surtout la phlébite par beaucoup de soins et d'habileté pour saigner.

Varice. — Dilatation anormale permanente des veines, amenée souvent par travail prématuré ou efforts exagérés, le plus souvent sur le trajet des veines saphènes ou collatérales du canon.
Disparaît souvent par la pression : ne pas abuser des chevaux et n'apporter aucune obstacle à la circulation de retour.

Neuvième Question

DÉPURATION URINAIRE. — Fonction chargée d'éliminer du sang, sous forme d'urine, les matières superflues et non assimilées des aliments, les produits de déchet provenant du jeu des organes (urée).

ORGANES PRÉPOSÉS A LA SECRÉTION, A L'ACCUMULATION ET A L'EXPULSION DE L'URINE . . . . .

Reins. — Secrètent l'urine : de chaque côté de la voûte sous-lombaire ; droit plus gros que le gauche; capsules surrénales, d'usage inconnu, placées sur le bord interne ; chaque rein présente l'échancrure rénale (scissure ou hile) d'où sort l'uretère. Tissu du rein composé d'une tunique extérieure et de tubes rayonnants, les tubes urinifères, qui vont des corpuscules de Malpighi, ampoules vasculaires situées à la périphérie, au bassinet rénal; an centre couche médullaire grisâtre.

Uretères. — Canaux qui portent l'urine des reins dans la vessie où ils débouchent entre la tunique charnue et la membrane muqueuse. — Trois membranes : muqueuse, musculaire, séreuse.

Vessie. — Réservoir musculo-membraneux, ovoïde, situé sur le plancher du bassin; couche musculaire contractile coiffée d'une calotte péritonéale et doublée d'une muqueuse; située dans le bassin, elle s'avance dans la cavité abdominale à mesure qu'elle se remplit. Le col de la vessie se continue par le canal de l'urèthre. Capacité : 4 à 5 litres. La sensation de plénitude provoque l'uriuation; attitude pour l'effectuer; nécessité de mettre pour cela le cheval au repos et libre (coliques urinaires); quantité d'urine en 24 heures subordonnée au régime à la température, à l'état de la peau (tondu ou non). Excitation fréquante chez les jeunes.

Canal de l'urèthre. — Canal excréteur définitif à parois musculo-membraneuses : débouche chez le cheval à l'extrémité libre du pénis et chez la jument à la partie postérieure du vagin. Comprend dans ses parois, à son origine au col de la vessie, un muscle formant sphincter pour s'opposer à la sortie incessante de l'urine (le muscle de *Wilson*).

MALADIES DU REIN. — **Néphrite.** — Inflammation du rein causée par refroidissement, fatigue, présence de calculs, ingestion de substances irritantes, de cantharides.
Saignée ; cataplasmes; boissons mucilagineuses et diurétiques; sachets de son chaud. — Régime rafraîchissant : carottes, etc.

MALADIES DE LA VESSIE. — **Cysthite.** — Inflammation de la vessie. Purgatifs doux; diurétiques froids; calmants contre la douleur (morphine, etc.).

RÉTENTION D'URINE. — Accumulation d'urine dans la vessie et impossibilité d'expulsion par obstruction du méat urinaire (cambouis ou calculs), par paralysie de la vessie ou par contraction passagère du col de la vessie.
Excitations de la muqueuse urétrale; sondages; curer la fosse naviculaire, petite excavation du méat urinaire, pour dégager celui-ci. Boissons mucilagineuses ou diurétiques; carottes ; régime rafraîchissant.

Dixième Question

INNERVATION. — Fonction qui préside à tous les actes de la vie : règle, domine et tient sous sa dépendance toutes les autres fonctions.

Deux systèmes d'organes : système nerveux de la vie animale (cérébro-spinal); système nerveux de la vie organique (ganglionnaire ou du grand sympathique).

Deux substances fondamentales : grise et blanche formées de cellules nerveuses et de tubes nerveux entourés du névrilème.

SYSTÈME CÉRÉBRO-SPINAL. — Deux parties : 1° centrale (encéphale et moelle épinière).

2° périphérique (nerfs).

La moelle et l'encéphale sont entourés des méninges { Dure-mère, externe. Arachnoïde, séreuse et médiane. Pie-mère, interne.

Partie centrale :

Encéphale (contenu dans la boîte cranienne).

CERVEAU — Masse ovoïde présentant deux lobes ou hémisphères sillonnés de circonvolutions plus ou moins profondes suivant le degré d'intelligence : à l'intérieur, ventricules cérébraux ; insensibilité de la matière cérébrale.

2 substances { blanche : centrale. grise : périphérique.

Interversion de l'action des lobes cérébraux sur es parties droite et gauche de l'organisme.

CERVELET — Masse globuleuse en arrière du caveau : 3 lobes, 1 ventricule : uni à la moelle allongée par deux pédoncules : arborisation de la substance blanche; forme arbre de vie. Préside à la coordination des mouvements.

MOELLE ALLONGÉE (isthme encéphalique) — Trait d'union entre la moelle épinière, le cerveau et le cervelet : protubérance annulaire en arrière de laquelle se trouve le bulbe rachidien (nœud vital); la moelle allongée joue un rôle très important dans les manifestations de la vie.

Moelle épinière —

Gros cordon nerveux contenu dans le canal rachidien et d'où émanent tous les nerfs spinaux. Présente un renflement cervical et un renflement lombaire. Divisée par un sillon longitudinal médian en deux moitiés latérales symétriques: chacune se divise à son tour en deux cordons, un supérieur sensitif et un inférieur moteur.

Très sensible; joue double rôle; porte les sensations des nerfs au cerveau et transmet aux nerfs les incitations motrices parties de l'encéphale par la manifestation de la volonté.

Structure : Substance grise au centre; blanche à la périphérie, contrairement au cerveau.

2ᵉ Partie périphérique.

Nerfs
cordons nerveux conducteurs entre le cerveau ou la moelle épinière et les organes.

CRANIENS OU ENCÉPHALIQUES (12 paires)
- SENSITIFS (racines supérieures), olfactifs, optiques, acoustiques.
- MOTEURS (racines inférieures), mouvements de l'œil, de l'oreille et des différentes parties de la tête.
- MIXTES (racines inférieures et supérieures), président aux mouvements et à la sensibilité du pharynx, du larynx, etc.

SPINAUX OU RACHIDIENS (42 ou 43 parties).
- Sont mixtes : chacun d'eux a un double réseau de racines supérieures sensitives et inférieures motrices qui se réunissent en un seul pour sortir par le trou de conjugaison.
- Les deux fonctions des nerfs mixtes (sensibilité et motricité) peuvent exister indépendamment l'une de l'autre dans le même nerf.

SYSTÈME GANGLIONAIRE OU DU GRAND SYMPATHIQUE. — Composé de deux longs cordons nerveux offrant une chaîne de ganglions. Ces cordons vont de la tête à la queue de chaque côté de la colonne vertébrale et reçoivent des rameaux de l'axe céphalo-rachidien. Préside à la digestion, à la circulation, à l'absorption, aux secrétions, en un mot à toutes les fonctions de la vie organique.

FACULTÉS INSTINCTIVES ET INTELLECTUELLES ; CARACTÈRE ET PASSIONS ; FACULTÉ D'EXPRESSION. — Les hémisphères cérébraux sont le point de départ des facultés instinctives et intellectuelles du cheval.

Instincts : expression inconsciente des besoins des animaux ; s'affaiblissent sous l'influence de la domesticité. Instincts de conservation et de reproduction.

Au point de vue *intelligence*, le cheval est capable d'attention, de mémoire (très développée et très cultivable), d'une certaine imagination, de jugement. Au point de vue *passion*, le cheval est susceptible de haine, d'affection, de peur, de jalousie, d'orgueil. Le *caractère* est la résultante des passions et des instincts : chez le cheval il est inné mais très modifiable et a pour dominantes la douceur, la soumission, la sociabilité.

Faculté d'expression : le cheval peut traduire les impressions qu'il éprouve par sa mimique (oreilles, attitudes, mouvements des narines, etc.), ou par ses hennissements qui se modifient suivant les sensations qui les provoquent.

MALADIES DU CERVEAU ET DE LA MOELLE

Vertige. — Inflammation des méninges (vertige essentiel) ou indigestion causée par des fourrages avariés (vertige abdominal) ; symptômes très caractérisés.
Saignée, purgatifs, eau sur le crâne.

Immobilité. — Symptôme commun à diverses affections qui ont pour base un affaiblissement des fonctions cérébrales. Impossibilité de reculer, membres croisés, vice rédhibitoire. Maladie considérée comme incurable.

Epilepsie. — Maladie nerveuse caractérisée par des accès convulsifs intermittents ; n'est plus vice rédhibitoire.
Rarement curable : essentiellement héréditaire.

Paraplégie simple. — Congestion de la moelle qui se traduit par la paralysie de l'arrière-main. Assez rarement curable : repos absolu, fortes saignées, purgatifs, pas d'applications vésicantes pendant la période aiguë du début.

MALADIES DU CERVEAU ET DE LA MOELLE (suite).

Paraplégie infectieuse (méningite cérébro-spinale). Maladie infectieuse et probablement contagieuse, à tort considérée comme une forme de l'état typhoïde. Sévit à l'état enzootique sur un grand nombre de chevaux habitant le même milieu.
Révulsifs, laxatifs et diurétiques ; le plus souvent curable (le 7e jour est le moment critique).

Ataxie locomotrice. — Incoordination des mouvements (le plus souvent des membres postérieurs), assez rare, mais cependant moins qu'on ne l'avait pensé, surtout comme complication de la gourme.
Repos et calme : iodure de potassium.

Onzième Question

DES SENS. — MÉCANISMES ET SENSATIONS DIVERSES. — Les *sens* sont les cinq manières différentes d'être impressionnés par les objets extérieurs (toucher, goût, odorat, ouïe, vue).

Les sensations résultent de trois actes secondaires.
{ 1° Impression produite sur une partie.
{ 2° Transmission au cerveau par les nerfs.
{ 3° Perception de la sensation par le cerveau.

Toucher. — A pour organe la peau et plus particulièrement certaines parties très sensibles, bout du nez (tentacules, emploi du tord-nez), pied. Action des jambes du cavalier basée sur la sensibilité du toucher; influence des caresses et corrections.

Goût. — Perception des saveurs par la muqueuse bucco-pharyngienne (face supérieure de la langue, voile du palais, pharynx) et les nerfs lingual et glosso-pharyngien. Permet au cheval de juger des aliments (les chevaux ne se trompent pas sur les propriétés vénéneuses de certaines plantes). Gourmandise du cheval à éviter.

Odorat. — Sens qui perçoit les odeurs ou impressions produites sur le nerf olfactif (cavités nasales, membrane pituitaire). Rapports avec le goût ; avertit le cheval de l'aliment qu'il va manger. Reniflements bruyants et saccadés pour traduire son dégoût.

Ouïe. — Perception des sons : prévient le cheval, complète la vue. Son appareil organique est l'oreille divisée en externe, moyenne et interne.

4

Oreille externe	Conque ou pavillon	Formée de 3 cartilages (conchinien, annulaire, scutiforme) qui se réunissent en forme de cornet. Dizaine de muscles; peau, poils.
	Conduit auditif	De la conque au tympan, creusé dans la portion pétrée du temporal. La peau très fine y sécrète le cérumen.

Oreille moyenne — Ou *caisse du tympan*, creusée dans la partie pétrée du temporal, séparée du conduit auditif par la membrane du tympan; communique avec l'oreille interne par les fenêtres *ronde* et *ovale* et avec l'arrière-bouche par la *trompe d'Eustache* (maux de gorge). Présente à son intérieur la chaîne des osselets (marteau, enclume, lenticulaire, étrier).

Oreille interne — Deux dédales (labyrinthe osseux creusé dans la partie pétrée et labyrinthe membraneux) ayant eux-mêmes chacun trois diverticulums. Ceux du labyrinthe osseux sont le limaçon, le vestibule, les trois canaux semi-circulaires.
Labyrinthe osseux, contient lymphe de Catugno.
Labyrinthe membraneux, contient endolymphe de Breschet.
Nerf auditif, vient s'épanouir dans l'oreille interne.

Rassemblés par le conque, les ondes sonores traversent le conduit auditif, font vibrer la membrane de tympan puis les osselets qui transmettent les vibrations à la lymphe de cotugno, d'où elles impressionnent le nerf auditif : la trompe d'Eustache sert à maintenir égale la pression de l'air à l'intérieur et à l'extérieur.

SENS DE LA DIRECTION. — Sens spécial admis par quelques auteurs : très développé chez le cheval ; il aurait son siège dans les canaux semi-circulaires (oreille interne).

SENS DU MOUVEMENT. — Présiderait à la disposition et aux mouvements des membres dans les diverses allures et attitudes.

SURDITÉ : SON INFLUENCE SUR LE CARACTÈRE ET L'UTILISATION DU CHEVAL. — Audition très délicate et subtile chez le cheval (mouvements des oreilles) : peut suppléer la vue. S'affaiblit avec l'âge : chez le cheval sourd (souvent par suite de rupture du tympan), les oreilles ne se fixent plus, mais oscillent mollement. Cheval sourd demande à être conduit avec grande attention et vigilence. N'entendant plus, ne se rend pas un compte exact de la distance des véhicules qu'il est exposé à rencontrer et qui viennent sur lui, s'expose ainsi à des accidents. Ne sentira pas à un moment donné (passage à niveau) l'approche d'un train qui vient par derrière où dont la vue est masquée par un tournant, etc. N'éprouve plus les sensations diverses que provoquent les sonneries, le va-et-vient autour de lui et tombe dans l'hébétude, le marasme. A l'écurie ne peut se garer d'un coup de pied dont il aurait été prévenu le plus souvent par un premier bruit de bat-flanc.

Douzième Question

ORGANISATION SOMMAIRE DE L'ŒIL. — L'œil comprend : 1° des organes essentiels; 2° des organes accessoires.

1° ORGANES ESSENTIELS (globe de l'œil).

Le *globe* de l'œil est sphéroïdal : il occupe la cavité de l'orbite et est mis en communication avec le cerveau par le nerf optique; il comprend des membranes et des milieux.

Membranes.

a) CORNÉE TRANSPARENTE OU LUCIDE

Vitre de l'œil, dont elle représente 1/5 antérieur; laisse passer les rayons à la manière d'une vitre; s'abouche avec la sclérotique en s'enchâssant dans son ouverture; composée de trois lames très minces; elle clot l'ouverture antérieure de l'œil (taies).

b) SCLÉROTIQUE

Membrane opaque, fibreuse; enveloppe superficielle qui circonscrit les 4/5 postérieurs du globe de l'œil; son ouverture antérieure est taillée en biseau pour enchâsser la cornée transparente; son fond est percé pour le passage du nerf optique. Un liséré de son bord antérieur dépasse l'orbite et constitue le *blanc de l'œil* (œil cerclé). Les muscles moteurs de l'œil s'insèrent à sa surface externe.

c) CHOROIDE

Membrane qui tapisse la sclérotique et laisse comme elle passer le nerf optique; noire ou brune dans la partie du fond de l'œil inférieure au nerf optique, elle est d'un bleu variable au-dessus et constitue en ces points le *tapis* ou *tapetum*. Forme le fond de l'œil; présente, près de son ouverture antérieure, deux cordons circulaires : le *cercle ciliaire* plus en avant sur lequel se fixe l'iris et le *corps ciliaire* formé de nombreux plis appelés *procès ciliai e*, dans lequel s'enchâsse le cristallin.

Membranes (suite)

d) Iris . . . . . . — Membrane contractile, ellipsoïde, véritable diaphragme entre la cornée lucide et le cristallin, percée à son centre d'une ouverture elliptique, la *pupille* qui livre passage aux rayons lumineux : face antérieure brune, quelquefois grise (œil vairon); face postérieure enduite de l'urée ou pigmentaire matière (grains de suie).

e) Rétine . . . . . — Épanouissement du nerf optique (papille) : à la face interne de la choroïde et autour du cristallin. Organe essentiel, membrane impressionnée par les rayons lumineux.

Milieux . . . .

Cristallin . . . . . — Lentille bi-convexe enchatonnée dans les procès ciliaires, plus bombée en arrière qu'en avant; concentre les rayons lumineux sur la rétine, divise l'intérieur de l'œil en deux chambres : l'une antérieure entre lui et la cornée, divisée elle-même en deux compartiments par l'iris; l'autre postérieure, en arrière du cristallin.

Corps vitré (ou humeur vitrée) . . . . . — Gelée incolore contenue dans membrane transparente dite *hyaloïde*, remplit la chambre postérieure.

Humeur aqueuse . . . — Liquide limpide emfermé dans la membrane de Descemet : remplit les deux compartiments de la chambre antérieure, refracte la lumière.

2° ORGANES ACCESSOIRES.

a) de protection . . .

Cavité orbitaire . . . — Cavité osseuse au point de réunion du crâne et de la face; doublée de la gaine oculaire, cornet fibreux qui maintient muscles et globe en place. Pelote de graisse qui fait saillie dans salière et fait coussinet.

Paupières . . . . . — Voiles membraneux contractiles et mobiles : deux angles, temporal ou externe, nasal ou interne; tapissées par la conjonctive; cartilage tarse; glandes de Meïbomius (châssie); cils.

Corps clignotant . . — Troisième paupière très mobile, fibro-cartilage à l'angle nasal (ténanos).

b) de lubréfaction et moteurs . . . . .

Appareil lacrimal . . — Glandes lacrymales : larmes dirigées vers angle nasal, s'engagagent dans le canal lacrymal dont l'orifice (égout lacrymal) se termine à l'entrée des fosses nasales.

Muscles . . . . . . — Au nombre de sept (droit interne, droit externe, droit supérieur, droit inférieur, droit postérieur, grand oblique, petit oblique).

MÉCANISME DE LA VISION. — Vue ; Perception des objets extérieurs (couleur, forme, étendue, position, distance.) — Les rayons visuels traversent, en se réfractant, la cornée, l'humeur aqueuse, le cristallin à travers la pupille qui les concentre, et enfin le corps vitré et se projettent renversés sur la rétine : théorie des lentilles. Les deux images produites, une dans chaque œil, produisent en général une sensation unique.

MALADIES DES YEUX ·

Myopie. — Cristallin trop convexe ou trop dense.

Presbytie. — Cristallin peu convexe. Vieillesse.

Cécité. — Cheval aveugle.

Amaurose ou goutte sereine. — Paralysie du nerf optique : affaiblissement ou perte totale de la vue sans altération des milieux de l'œil. Incurable.

Taie, nuage, leucoma. — Taches de l'œil plus ou moins graves selon leur position et leur étendue.

Cataracte. — Opacité du cristallin presque toujours due à la fluxion périodique : se présente comme une perle brillante et tranchant sur le fond de l'œil.

Conjonctivite. — Inflammation de la conjonctive qui est rouge injectée. Lotions tièdes d'eau chaude, de thé, d'une solution de sulfate de zinc, etc.

Fluxion périodique. — Vice rédhibitoire : délai, 30 jours.
Trois périodes dans chaque accès : 1° larmoiement ; 2° formation d'un dépôt en avant de l'iris (hypopion) d'abord blanchâtre, puis feuille morte ; 3° disparition de l'hypopion et du larmoiement. Accès successifs. Cataracte : atrophie du globe oculaire. Le cheval perd un œil, puis souvent les deux. Changement de climat. Maladie à peu près incurable et considérée comme héréditaire. Brisure de la paupière supérieure de l'œil fluxionné. Causes : climats humides ; milieu infecté du micro-organisme qui paraît en être l'agent essentiel. Aussi s'observe-t-elle dans tous les pays.

Traitement : Instillations de pommade d'atropine. Calomel ou sublimé à l'intérieur. Saignée locale, si douleur très grande. Obscurité de l'écurie ou masque sur l'œil.

Treizième Question

DE LA GÉNÉRATION. — Fonction qui a pour but la reproduction de l'individu et la conservation de l'espèce.

ORGANES GÉNITAUX .

Chez le mâle. — Testicules. — Organes glandulaires chargés de sécréter le *sperme*, liquide fécondant (spermatozoïdes) ; descendant de la voûte sous-lombaire (gaine vaginale) ; soutenus par cordon testiculaire (artères et veines, nerfs, canal déférent, fibres musculaires grises) ; enveloppés par bourses (gaine vaginale, tunique fibreuse, muscle cremaster, dartos, scrotum). Tissu des testicules pulpeux, grisâtre, constitué par tubes séminifères se déservant dans l'*épididyme*, origine du *canal déférent* lequel se termine dans *vésicules séminales* prolongées par *canaux éjaculateurs* qui se déversent dans canal de l'urètre traversant penis. Prostate et glandes de Cowper, organes qui lubrifient le canal de l'urètre.

Chez la femelle. — Ovaires. — Analogues aux testicules, sécrètent l'ovule enfermé dans une vésicule de Graaf. Au moment des chaleurs, la vésicule crève et l'ovule tombe dans l'oviducte pour venir dans la matrice.

Trompes utérines ou oviductes. — De l'ovaire à la corne utérine.

Matrice ou utérus. — Réservoir musculo-membraneux soutenu par replis du péritoine (ligaments larges) : fait saillie en arrière dans le vagin (museau de tanche ou fleur épanouie) : un corps, deux cornes.

Vagin. — Canal membraneux qui continue la matrice.

Vulve. — Orifice externe : deux lèvres ; deux commissures : le clitoris logé dans la commissure inférieure.

Mamelles. — Organes glanduleux hémisphériques secrétant le lait (mamelons ou tétines).

FONCTION DE LA GÉNÉRATION (5 phénomènes) . . . .

1° **Accouplement.** — Monte ou saillie à l'époque des chaleurs ou du rut. Pas trop répétées coup sur coup parce que le sperme devient infécond.

2° **Fécondation.** — Contact des spermatozoïdes avec l'ovule : peuvent ne se rencontrer qu'après plusieurs jours.

3° **Gestation.** — État d'une femelle pleine ou fécondée. Formation de l'embryon qui, se développant, devient le fœtus (chorion, allantoïde, amnios, vésicule ombilicale, placenta, cordon ombilical). Vers le septième mois, signes certains de la gestation (mouvements perceptibles sur paroi gauche) ; vers le huitième, au moment de l'ingestion des boissons, mouvements du fœtus visibles. Durée moyenne : onze mois. Gestation gémellaire assez rare.

4° **Parturition** ou mise bas.

5° **Allaitement.** — Naturel, par adoption ou artificiel.

MALADIES DES ORGANES GÉNITAUX. . .

Orchite. — Inflammation du testicule et de l'épididyme.

Sarcocèle. — Inflammation diffuse du testicule et de ses enveloppes, quelquefois symptôme de morve.

Saignée ou sangsues, cataplasmes ; douches en pluie, ponction en cas d'abcès, etc.

MALADIES DES ORGA-NES GÉNITAUX (suite).

Hydrocèle. — Hydropisie de la gaine vaginale. Douches, collodion, blanc d'Espagne, etc.

Hernie inguinale. — Intestin dans gaine vaginale. Coliques graves, aiguës ou chroniques, intermittentes. Opération de la hernie.

Cryptorchidie. — Testicules non descendus dans les bourses. Cryptorchidie simple ou double, inguinale ou abdominale.

CASTRATION

Opération qui a pour but de priver le cheval de ses testicules ou d'annuler leurs propriétés fonctionnelles. Modifie le caractère et la conformation (avant-main allégée) : influence d'autant plus complète que l'opération est pratiquée sur un sujet plus jeune. Antisepsie permet castration à toute époque. Différents procédés.

PAR LES CASSEAUX. — A testicules couvert, à testicule découvert ou à cordon couvert.

PAR LIGATURE. — Le plus souvent ligature élastique.

PAR TORSION BORNÉE. — A testicule découvert avec pince limitative sur le cordon et pince à torsion.

PROCÉDÉ JACOULET. — Une seule incision du scrotum et torsion bornée.

PAR CAUTÉRISATION. — Du cordon jusqu'à divison complète.

PAR ÉCRASEMENT linéaire du cordon (écraseur Chassaignac).

PAR SECTION SIMPLE (petits animaux).

PAR BISTOURNAGE (utilisé pour la race bovine).

CASTRATION DES JUMENTS (ovariotomie) pratiquée sur les juments d'une nervosité maladive (nymphomanie). Opération très délicate, parfois efficace, souvent dangereuse quant à ses suites.

Castration des cryptorchides. — Opération délicate, profonde, qui consiste à aller chercher le testicule dans l'abdomen en perforant l'espace inguinal (écraseur Chassaignac).

TÉTANOS. — Contraction permanente du système musculaire déterminant l'asphyxie : survient souvent à la suite de petites blessures, mais le plus souvent à la suite de castration ou blessure du pied ; contagieuse, microbienne, entraîne presque toujours la mort.
Isolement dans une écurie obscure, barbotages, inhalations d'éther ; traitement spécial.

CHAMPIGNON. — Tumeur indurée de l'extrémité du cordon testiculaire à la suite de la castration : de nature parasitaire ; engorgement, suppuration, souvent boiterie.
Cautérisation au fer rouge ou plutôt opération dite du champignon. La nature parasitaire du champignon permet d'en prévenir le développement par l'antiseptie et le traitement interne et externe à l'iodure de potassium.

Quatorzième Question

DE L'ABSORPTION. — Fonction par laquelle les substances nutritives pénètrent dans la circulation et les tissus se laissent pénétrer par matières dissoutes venant du dehors (chyle, médicaments, poisons) ou issus de l'organisme même (lymphe).
Elle s'effectue à la faveur des vaisseaux blancs (chylifères et lymphatiques) et des veines.

ABSORPTION CUTANÉE. — Assez restreinte, augmentée par frictions et massages ; la destruction de l'épiderme la rend très active. Peut être utilisée pour faire pénétrer des médicaments dans l'organisme (frictions, lotions, bains, etc.).

ABSORPTION DIGESTIVE. — Très active; spécialement dans l'intestin grêle (vaisseaux chylifères et veines de l'intestin). Le cæcum est le siège de l'absorption des boissons. — Le chyle est transporté dans la circulation par les chylifères qui le conduisent au canal thoracique où il se mêle avec la lymphe. Celle-ci provient de matériaux plasmatiques du sang extravasés, de différents produits de sécrétion ou de désassimilation, etc., qui sont repris par les vaisseaux lymphatiques et reviennent dans la circulation. L'absorption intestinale est beaucoup plus active pendant la digestion que dans ses intervalles. La quantité de chyle et de lymphe produite en 24 heures peut atteindre 42 kilogrammes.

ABSORPTION PAR LA MUQUEUSE RESPIRATOIRE. — Pouvoir considérable, surtout dans les bronches, d'absorption des gaz (hématose, gaz délétères, microbes).

ABSORPTION INTERSTITIELLE ou *résorption*. S'opère dans la trame des tissus aux dépens de leurs propres éléments ou des fluides qu'ils contiennent. Dans le premier cas, il y a amaigrissement, atrophie musculaire, usure des organes; dans le second, la nutrition compense l'usure provenant du jeu des organes et il y a équilibre entre les fonctions.

MALADIES CONTAGIEUSES, INFECTIEUSES OU ÉPIZOOTIQUES EN GÉNÉRAL. — Maladies dues à l'action d'un agent de contagion (miasme, virus, microbe, bacille, bactérie, etc.) : *infectieuses*, celles qui se propagent par les milieux ambiants dans lesquels se cultive l'agent infectieux qui n'est pas encore connu pour toutes; *contagieuses*, celles qui sont dues à la pénétration et à la pullulation dans l'organisme de germes microscopiques.
Mesures sanitaires édictées par la loi du 21 juillet 1881 et les décrets du 22 juin 1882 (France) et du 12 novembre 1887 (Algérie). Dans l'armée, des mesures spéciales sont prises contre les diverses maladies contagieuses ou infectieuses suivant leur nature et leur mode de propagation. Ces mesures sont prescrites par des décisions ou notes ministérielles.

ANTISEPTIQUES. — Agents médicamenteux dont le but est d'obtenir la désinfection des plaies. On les appelle *Aseptiques* lorsqu'on en fait usage avant toute infection et pour la prévenir. Méthode antiseptique ou de désinfection actuellement d'un usage général a singulièrement facilité les progrès de la chirurgie et de la médecine.
Note ministérielle du mai 1883 indique règles de désinfection, objets à désinfecter et meilleurs désinfectants (feu, eau bouillante, chlorure de chaux, chlorure de zinc, acide phénique, bichlorure de mercure, acide sulfureux résultant de la combustion de la fleur de soufre.
Réglementation des désinfections périodiques des écuries et des infirmeries (note ministérielle du 2 mars 1883).

GOURME. — Maladie contagieuse et microbienne (production de pus dans toute l'économie); pas fatale comme on l'a cru; se présente surtout mais non exclusivement sur les jeunes chevaux.
Manifestations localisées (jetage, toux, glande) ou généralisées (éruption cutanée, abcès un peu partout, ataxie, anasarque, gourme. etc.; bronchites, pneumonies, etc.). Isolement des malades : désinfecter intervalles, objets de pansage et de harnachement : tenir chaudement; fumigations; bonne nourriture; antiseptiques, etc.

HORSEPOX. — Variole du cheval (éruption pustuleuse à la bouche, aux organes génitaux, etc.).
Mesures sanitaires et de propreté.

INFECTION PURULENTE. — Maladie infectieuse par altération du sang; résulte du passage des éléments du pus dans le sang. Très grave; ouvrir abcès, débrider plaies; grands soins hygiéniques et antiseptiques; toniques à l'intérieur.

SEPTICÉMIE GANGRENEUSE. — Affection contagieuse et virulente par altération du sang (introduction dans l'organisme du vibrion septique). Se produit surtout comme complication de plaies anfractueuses, mal tenues et mal soignées. Est favorisée par le mauvais état des sujets. Très grave; son développement peut être prévenu ou enrayé par larges débridements des plaies et usage abondant de teinture d'iode.

Quinzième Question

DE LA NUTRITION. — Fonction par laquelle chaque organe emprunte au sang les éléments dont il a besoin pour s'entretenir, s'accroître et réparer ses pertes, en même temps qu'il abandonne ceux qui ne lui servent plus.

MÉCANISME. — Les tissus mis en contact avec le sang y puisent les principes qui leur conviennent et se les approprient : système vasculaire comparable à un vaste appareil d'irrigation qui porte partout la cellule vivante, élément anatomique, et le fluide vivifiant, régénérateur. Les phénomènes d'assimilation ou composition et de désassimilation ou décomposition doivent se compenser, s'équilibrer et pour cela il faut que les aliments, l'air, l'eau puisés au dehors fassent des apports proportionnés à l'usure.

DU SANG. — Liquide légèrement salé; de réaction alcaline; sang artériel rouge, sang veineux noir.

Composition. — Partie liquide : plasma (sort des vaisseaux, donne aux tissus les éléments de leur nutrition. Partie solide : Globules rouges (hématies) en nombre d'autant plus considérable que le sang est plus riche; blancs (leucocytes) moins nombreux et très variables de dimension. Les globules restent dans les vaisseaux, ne sont pas assimilables, mais exercent une action active sur la nutrition. Coagulation à l'air : caillot et sérum.

Le sang représente à peu près la dix-huitième partie du poids du cheval (19 à 25 litres).

CAUSES QUI INFLUENT SUR LA NUTRITION.

Age. — Vie embryonnaire et jeune âge : phénomènes d'assimilation dominent ceux de décomposition.
Age adulte (7 à 14 ans) : équilibre des deux genres de phénomènes.
Vieillesse : décomposition plus rapide (amaigrissement, atrophie musculaire, amincissement des os, disparition des tares anciennes).
Certains organes croissent toujours (poils, corne); certains se développent à époque déterminée (organes génitaux).

Climats. — Influence sur les différences de taille et de tempérament des chevaux, sur la nature du poil, etc.

Exercice. — Influence heureuse sur le système musculaire et les os (travail des jeunes chevaux, sauteurs, etc.).

Régime. — Quantité et composition des aliments (taille, accroissement, squelette).

DE LA CALORIFICATION OU CHALEUR ANIMALE; SON TERME MOYEN. — Dégagement de calorique (37 à 38°). Sources et déperditions : 1° combustion dans les poumons du carbone par l'oxygène de l'air et actions chimiques dans les tissus ; 2° perte par rayonnement, évaporation à la surface de peau et muqueuse respiratoire : augmente par le froid, d'où nécessité d'augmenter la combustion pour maintenir l'équilibre : la production de chaleur se ralentit pendant le sommeil, dans la vieillesse, etc. ; d'où nutrition moins exigeante.

RÉSISTANCE AU FROID. — Très grande : —10° à — 25° ; mais augmenter l'alimentation, couvrir les chevaux ; amaigrissement des chevaux tondus.

RÉSISTANCE A LA CHALEUR. — Moins grande : + 40° à + 45° ; rôle de la transpiration cutanée et pulmonnaire. — En cas de fièvre, + 42 ou 43° est la limite.

MALADIES GÉNÉRALES

Anémie. — Diminution des globules rouges du sang et du plasma. Nourriture subtantielle : donner du fer, de l'arsenic.

Pléthore. — Excès de richesse du sang. Diminuer la nourriture, saignées.

Coups de chaleur. — Asphyxie rapide (courses excessives par des temps chauds). Affusions d'eau froide, frictions, injections de vératrine, de caféine.

Surmenage. — État dans lequel la fatigue a dépassé la limite de résistance. Repos, massages, affusions froides sur la tête, insufflations d'air ou d'oxygène dans les naseaux ; régime rafraîchissant, maintien en plein air, si saison et température permettent.

Mélanose. — Affection caractérisée par tumeurs noirâtres dans toute l'économie, surtout à l'anus, autour des yeux, dans l'abdomen, etc. remplies de liquide sanguinolent noirâtre. Hérédité. — Chevaux gris à crins frisés. Laisser les tumeurs qui ne sont pas gênantes ; sinon, exciser et traiter plaies par antiseptiques et caustiques.

Seizième Question

SYSTÈME LYMPHATIQUE (*vaisseaux et ganglions*). — Immense réseau vasculo-ganglionnaire préposé à l'absorption et au transport du chyle et de la lymphe.

Vaisseaux blancs. — Naissent au sein de tous les organes ; se déversent les uns dans les autres en augmentant de diamètre et, après avoir traversé au moins un groupe de ganglions, se jettent dans la veine-cave par deux collecteurs : le *canal thoracique* et la *grande veine lymphatique*. Deux ordres de vaisseaux blancs : les chylifères qui déversent dans le sang le *chyle*, liquide laiteux venant de la digestion ; les lymphatiques proprement dits qui charrient la *lymphe*, liquide citrin provenant de l'usure des organes et destiné à servir à leur recomposition en rentrant dans le plasma sanguin.

Ganglions. — Corps ovoïdes, très nombreux, pour la plupart rassemblés en paquets (ganglions de l'auge, de l'aine, etc.) sur le trajet des lymphatiques. Ils filtrent la lymphe, ralentissent son cours et peuvent retenir des germes introduits dans l'organisme, des agents thérapeutiques, etc. Vaisseaux et ganglions lymphatiques forment ensemble dans l'organisme des circonscriptions indépendantes qui fonctionnent isolément et souffrent isolément; d'où la localisation des maladies du système lymphatique (lymphangites).

ADÉNITE. — Tuméfaction résultant de l'inflammation des ganglions lymphatiques (aine, auge, ganglions bronchiques, sous-lombaires, etc.); se développe à la suite de plaies suppurantes, grangreneuses, etc., ou d'infections générales (morve, gourme). Traitement subordonné à la nature de la cause : vésicants, fondants, cautérisations, ponctions. En cas de morve, pas de traitement.

AFFECTION MORVO-FARCINEUSE. — Le farcin est la forme cutanée de la morve; autrefois séparés. Maladie du système lymphatique, virulente, très contagieuse, transmissible à l'homme : aiguë. ou chronique.

Symptômes. — MORVE : Ganglions de l'auge durs, gonflés, collés à la peau : pituitaire pâle présentant des chancres, jetage verdâtre, poisseux. — Souvent pas de symptômes significatifs; les injections de maléine et inoculations de contrôle à l'âne peuvent seuls renseigner dans ce cas.

FARCIN : tumeurs dans la peau en forme de boutons isolés ou en chapelet : percent, donnent pus huileux et deviennent chancres : cordes partant des boutons.

Causes : introduction dans l'organisme du bacille spécial, favorisé par mauvais état, misère, surmenage, agglomération. Bacille communiqué par jetage, effets de pansage (éponge), abreuvoirs, etc.

Traitement, néant. Des lois de police sanitaire et des décisions ministérielles prescrivent abatage immédiat ou après trois mois si les symptômes de doute subsistent; destruction des cadavres; isolement des voisins; désinfection des locaux, effets de harnachement et de pansage; suspicion du corps de troupe dans lequel un cas s'est produit. Rigueurs de la police sanitaire allemande plus grandes encore. Une décision ministérielle récente prescrit des injections de maléine à tout corps ou fraction de corps lorsqu'un cas de morve s'y est présenté.

LYMPHANGITE FARCINOÏDE ÉPIZOOTIQUE. — Ancien farcin d'Afrique; reste localisée dans système lymphatique tandis que farcin morveux se généralise dans l'organisme, mais est contagieuse comme le farcin; rarement mortelle.

Antisepsie rigoureuse des plaies, cautérisations, cicatrisations, excision des tumeurs. Isoler malades et suspects, abattre ceux dont les lésions sont trop tenaces : désinfection.

DOURINE. — Mal du coït : syphylis des solipèdes; plus fréquente dans les pays chauds (Algérie). Contagieuse. Débute par plaques boursoufflées autour des organes génitaux et sur eux; aboutit à la paralysie et au marasme.

Lavages astringents et antiseptiques : noix vomique et arsenic. Déclaration, séquestration, interdiction de la vente et de la saillie : en Algérie, abattage.

CHARBON (coloration noirâtre du sang). — Contagieux, transmissible à l'homme. — Très rare. Destruction des cadavres par l'acide sulfurique.

<table>
<tr><td rowspan="2">AFFECTIONS
TYPHOÏDES</td><td>Foule de maladies plus ou moins infectieuses ayant toutes pour premier symptôme la manifestation de l'état typhoïde : élévation considérable et brusque de température (41 à 42°); fièvre intense, frissons, prostration, somnolence, marche titubante, infiltration et coloration foncée des muqueuses, et, de plus, symptômes spéciaux suivant la localisation de la maladie.</td></tr>
<tr><td>Infections générales panzootiques (fièvre typhoïde, influenza). — Essentiellement contagieuse dans tout un pays.</td></tr>
</table>

<table>
<tr><td rowspan="3">AFFECTIONS
TYPHOÏDES (suite)</td><td>Infections pulmonnaires enzootiques. — Maladies d'écurie contagieuses (animaux jeunes).</td></tr>
<tr><td>Infections intestinales. — Maladies individuelles apparaissant en même temps dans toutes les écuries alimentées par les mêmes fourrages.</td></tr>
<tr><td>Thyphus équin des pays chauds. — Origine miasmatique. Mesures d'isolement et de désinfection prescrites par note ministérielle du 8 juillet 1881.
Traitement. — Mise au bivouac : révulsifs, toniques et antiseptiques.</td></tr>
</table>

<hr>

Dix-septième Question

<table>
<tr><td rowspan="5">DES SÉCRÉTIONS EN GÉNÉRAL</td><td>Fonctions par lesquelles certains organes (glandes, muqueuses, peau, vésicules adipeuses, etc.) forment avec les éléments du sang des produits variés : salive, urine, lait, sueur, etc.).</td></tr>
<tr><td>Excrémentitielles, dont les produits sont destinés à maintenir en équilibre la composition normale du sang et à être rejetés au dehors (urine, sueur).</td></tr>
<tr><td>Récrémentitielles, dont les produits sont destinés à être repris par l'absorption intersticielle (graisse, synovie).</td></tr>
<tr><td>Excrémento-récrémentitielles, dont les produits sont en partie absorbés et en partie éliminés (bile, salive, suc gastrique).</td></tr>
</table>

<table>
<tr><td rowspan="4">SÉCRÉTIONS CUTANÉES.</td><td>Produites par les glandes situées dans l'épaisseur de la peau.</td></tr>
<tr><td>Transpiration insensible (glandes sudoripares). — Invisible, mais assez considérable.</td></tr>
<tr><td>Transpiration sensible ou sueur (glandes sudoripares). — Liquide clair, incolore, saveur salée, odeur sui generis (eau tenant en dissolution urée, chlorures alcalins et productions épidermiques) : rapport intime des sécrétions cutanée et urinaire ; rôle important pour la dépuration du sang ; obstacle à la transpiration peut amener la mort.</td></tr>
<tr><td>Sécrétion sébacée (glandes sébacées surtout au scrotum, au fourreau, à la vulve). — Matière sébacée, liquide gras qui assouplit la peau (influence sur les poils) : mêlée avec corps étrangers, elle forme le cambouis.</td></tr>
</table>

SÉCRÉTION URINAIRE (voir quest. IX). — Filtration continue des éléments de l'urine à travers les parois des corpuscules de Malpighi : l'urine se collecte dans le bassinet du rein, suit les urétères et arrive goutte à goutte dans la vessie ; impossibilité de remonter ; émission par contraction de la vessie et relâchement du sphincter. Influence de l'alimentation, de la température, de l'âge sur l'abondance de l'urine (en moyenne 12 à 15 litres par jour).

Urine : liquide jaune plus ou moins foncé, odeur particulière, saveur amère, contenant de l'eau, de l'urée, des acides, des sels et des matières colorantes :

SÉCRÉTION SALIVAIRE. — (Voir question VI).

SÉCRÉTION BILIAIRE. — Foie gorgé de sang par veine-porte et artère hépatique ; sécrète en permanence la bile caractérisée par son alcalinité : digestion des graisses, action stimulante sur l'intestin.

SÉCRÉTION INTESTINALE. — Sucs intestinaux, sécrétés par glandes sous-jacentes à la muqueuse ; corrigent l'acidité du chyme, concourrent à la transformation des fécules en sucre, à l'émulsion des graisses, à la dissolution des matières albuminoïdes.

SÉCRÉTION GASTRIQUE. — Suc gastrique : liquide acide, légèrement jaunâtre, salé, sécrété dans cul-de-sac droit de l'estomac et dont le principe essentiel est la pepsine (chymification).

SÉCRÉTION LACTÉE. — Lait : liquide opaque, blanc, alcalin, plus dense que l'eau, saveur douce ; partie aqueuse tenant en dissolution matières azotées (caséine et albumine), matières sucrées et divers sels.
   Trois parties se séparent par suite de la coagulation de la la caséine : crème, caséine, petit lait. Action purgative du colostrum, premier lait sécrété après la mise bas.

SÉCRÉTION SYNOVIALE. — Synovie : liquide filant, visqueux, mousseux à l'air, sécrété par capsules synoviales et destiné à subrifler les surfaces osseuses en contact et les coulisses sur lesquelles glissent les tendons (genou, jarret, boulets).

SÉCRÉTION DES GRANDES SÉREUSES (PLÈVRES ET PÉRITOINE). — Liquide séreux lubréfiant contenu dans les plèvres et le péritoine (entre les deux feuillets). Peut augmenter dans d'énormes proportions en cas de pleurésie et de péritonite (15 litres).

SÉCRÉTION CELLULAIRE. — Humectant légèrement le tissu conjonctif dans conditions normales ; l'excès cause les œdèmes, épanchements.

SÉCRÉTION GRAISSEUSE. — Graisse : se dépose à l'intérieur des vésicules du tissu adipeux, en quantité variable selon les dépenses de l'organisme, la nature des aliments et la puissance d'assimilation.

PÉRITONITE. — Inflammation du péritoine, presque toujours due au vibrion septique par le fait de l'infection générale ou qui s'introduit à la faveur d'une plaie (castration, déchirure de l'estomac ou de l'intestin, hernie).
   Saignée : sinapismes, purgatifs légers, calomel ; mais surtout traitement antiseptique et mercuriel intus et extra (voir question VI).

PLEURÉSIE. — (Voir question VII).

ANASARQUE. — Maladie caractérisée par des engorgements ou œdèmes des membres et du bout du nez et par l'infiltration du tissu conjonctif sous-muqueux. Se termine souvent par la gangrène ou l'asphyxie, les œdèmes obstruant les naseaux et envahissant les poumons.
   Quelquefois n'est qu'une expression gourmeuse et alors moins grave.
   Frictions chaudes ; purgatifs, excitants, injections sous cutanées de caféine, de pilocarpine, etc.

POLYURIE. — Sécrétion et émission exagérée de l'urine. Peut être causée par surmenage.
   Toniques, boissons alcalines, ralentissement du travail.

Dix-huitième Question

DES PLAIES . . . . .
{
Des plaies. — Solutions de continuité de la peau ou des muqueuses s'étendant plus ou moins aux tissus sous-jacents (plaies sous-cutanées ou déchirures musculaires).

Plaies par incision ou coupure.

Piqûres.

Contusions ou plaies contuses (simples, proprement dites, par armes à feu).

Plaies par arrachement.

Brûlures.

D'une façon générale, obtenir la désinfection par l'antisepsie, puis rapprocher et immobiliser les lèvres de la plaie pour obtenir la cicatrisation.
}

MODE DE CICATRISATIONS . . . . .
{
1° **Par inflammation adhésive ou première intention sans pus.** — Pour les plaies par incision nette peu étendues et peu profondes (plaies de saignées) : rapprochement des lèvres.

2° **Sous-crustacée sans pus** (plaie de castration par torsion bornée avec une seule incision scrotale et asepsie).

3° **Par suppuration ou deuxième intention.** — La cicatrisation marche de la périphérie au centre, de la profondeur à la surface, par un bourgeonnement progressif qui entraîne plus ou moins de suppuration ; c'est le mode de cicatrisation le plus répandu.

4° **Par troisième intention.** — Même que la précédente, mais avec complication de gangrène partielle, d'esquilles, d'escharres, etc.

En cas de plaie quelconque, on doit tout faire pour obtenir l'un des deux premiers modes de cicatrisation.
}

HÉMORRHAGIES CAPILLAIRES ET PARENCHYMATEUSES, VEINEUSES, ARTÉRIELLES ; LEUR GRAVITÉ RESPECTIVE ; MOYEN DE LES ARRÊTER. — Hémorrhagie, complication fréquente des plaies (internes ou externes)

a) **Capillaires,** provenant des capillaires blessés et **parenchymateuses,** de la blessure faite aux aréoles vasculaires des tissus érectiles ou aux veinules des tissus spongieux (os courts) et glandulaires (foie, poumons, etc.) : ces dernières graves parce que internes; les autres peu graves. Faciles à arrêter par lavage, tamponnement, compression ou cautérisation.

b) **Veineuses.** — Jet continu de sang noir (face interne des membres, encolure, inter-ars). La gravité dépend de l'importance de la veine et de l'étendue de l'ouverture : coupée de part en part elle peut entraîner la mort. Pression sur tronçon excentrique du vaisseau lésé : suture, bandage compressif. Tendance à s'arrêter d'elles-mêmes par la formation d'un caillot qui obstrue la veine ouverte ; sont généralement sans grand danger, sauf pour les gros vaisseaux (jugulaires, saphène).

c) **Artérielles.** — Écoulement de sang rouge par jets saccadés ; les plus graves parce qu'elles n'ont aucune tendance à cesser naturellement.

Obstruction par pression ou ligature du tronçon concentrique. Demande diligence et connaissances anatomiques précises.

PLAIES GRANULEUSES OU D'ÉTÉ. — De nature infectieuse et contagieuse, parsemées de granulations ou petits kystes remplis de matière caséeuse, calcaire. Peuvent récidiver d'une année à l'autre au moment des grandes chaleurs.

Traitement chirurgical : ablation ou raclage des matières granuleuses, puis cautérisation au fer rouge, azotate d'argent, etc.

DE L'ŒDÈME. — Hydropisie sous-cutanée par infiltration du tissu cellulaire due à une gêne locale de la circulation sanguine ou lymphatique ou à une hypersécrétion de sérosité (chocs, blessures, repos prolongé, conséquence de maladies organiques). Peut se terminer par résorption, induration ou métastase sur un organe important, le poumon, l'intestin, etc.

Frictions, massages, compressions méthodiques, ponctions multiples (mouchetures).

DE l'EMPHYSÈME. — Infiltration du tissu conjonctif par des gaz : résulte de lésions traumatiques diverses dans les régions musculaires et dans celles où la peau est très mobile (épaule, poitrail, fesses).

Compressions méthodiques, massages, frictions excitantes. Peu grave.

DES KYSTES. — Cavités remplies de liquide séreux, muqueux ou synovial se développant sous la peau, les muqueuses ou à la surface des synoviales (contusions répétées, frottements, état congestionnel); fréquents au dos et au garrot, provoqués par le harnachement.

Ponctions répétées suivies d'injections de teinture d'iode et de massages : en cas d'induration, application vésicante : pour kystes anciens et rebelles, bistouri ou feu en pointes pénétrantes.

DES FISTULES. — Plaies profondes et persistantes en forme de canal long et étroit, plus ou moins sinueux, par où s'écoule du pus mal lié, de la synovie (fistules synoviales) de la salive (fistules salivaires, etc. Les fistules sont généralement entretenues par des corps étrangers (calcul, tacot, esquille osseuse, escharre de tissu mortifié, etc.).

Débrider largement les plaies pour enlever les corps étrangers ou parties mortifiées qui entretiennent les fistules : cautériser (fer rouge, azotate d'argent fondu, liqueur de Villate) : détersions antiseptiques répétées et abondantes.

EXTÉRIEUR

Dix-Neuvième Question

DE L'EXTÉRIEUR
- **Définition**. — L'extérieur est la partie de l'hippologie qui a pour but l'étude des beautés et des défectuosités du cheval considérées au point de vue des services qu'il peut rendre.
- **Division**. — Régions du cheval.
  - Aplombs.
  - Proportions.
  - Locomotion (mouvements et allures).
  - Age.
  - Robes et signalements.
  - Vices et défauts.
  - Aptitudes.
  - Examen du cheval en vente : conditions de la vente et de l'échange.
  - Ferrure.

RÉGIONS DU CORPS. — Beaucoup de divisions ont été faites pour faciliter l'étude extérieure du cheval : les uns l'ont divisé en *corps*, *avant-main* et *arrière-main* ; les autres en *tête*, *corps* et *membres*, etc.

On peut aussi comparer le cheval à une machine animée et lui reconnaître un *corps de machine* (tronc) un *balancier* (tête et encolure), véritable gouvernail, agent dispensateur de l'équilibre, des *moteurs* (membres).

GÉNÉRALITÉS
- **Beautés**. — Beauté, synonyme de bonté, veut dire en extérieur tout ce qui indique la parfaite adaptation d'un organe ou d'une région à sa fonction ou de l'individu à sa destination.
  Les beautés sont *absolues* ou *relatives*.
- **Défectuosités**. — Imperfections physiques caractérisant le défaut d'adaptation d'un organe, d'une région à sa fonction ou de l'individu à sa destination.
  Les imperfections sont *absolues* ou *relatives*, *congénitales* ou *acquises*.

Défauts. — Imperfections morales légères ou mauvaises habitudes de médiocre importance.

Vices. — Défauts graves dépendant du caractère (méchanceté) ou de l'éducation (rétivité), nuisant à la santé (tics), ou états maladifs qualifiés vices rédhibitoires. La loi du 2 août 1884 détermine les vices rédhibitoires ; ce sont : la morve, le farcin, l'immobilité, l'emphysème pulmonnaire, le cornage chronique, le tic avec ou sans usure de dents, les boiteries anciennes intermittentes, la fluxion périodique des yeux.

RÉGIONS DU CORPS .

Tares. — On appelle *tare* toute trace apparente de dépréciation ayant son siège à la peau, dans des parties sous-jacentes ou sur des organes extérieurs : mais ce mot est plus spécialement appliqué aux tumeurs osseuses ou synoviales qualifiées *tares dures* et *tares molles*.
Importance relative des tares : question de l'hérédité.

DU SANG. — Ensemble des qualités qui donnent à certains chevaux un ressort, une énergie et une force de résistance spéciales. Influx nerveux plutôt que composition du fluide sanguin : apanage des races nobles ; qualité essentiellement héréditaire.

DE LA TREMPE. — Qualité inhérente aux organes en vue de la fonction à remplir : dépend de la constitution même et de la nature des tissus.

DE LA CONDITION. — La condition d'un cheval est l'état organique obtenu par une préparation judicieuse, et tel que le cheval puisse supporter de grands efforts et un travail prolongé sans en souffrir : un cheval en condition possède la plénitude de ses facultés. — Indices extérieurs de la condition.

DU FOND. — Le fond ou la tenue est la faculté pour un cheval de parcourir une longue distance sans fatigue excessive dans un train suffisant ou avec un suffisant déploiement de forces.
Ne pas opposer le fond à la vitesse, car ces deux choses se tiennent assez étroitement.

Vingtième Question

DU BALANCIER EN GÉNÉRAL. — SON ROLE DANS LA LOCOMOTION. — Le balancier du cheval. — tête et encolure — dirige et facilite tous les mouvements, toutes les attitudes, non seulement en déterminant les déplacements du centre de gravité, mais encore par son action directrice sur l'impulsion.
Nécessité de s'emparer de ce balancier pour le placer suivant le service demandé (cheval de manège et cheval de trait : positions opposées).

DE LA TÊTE EN GÉNÉRAL. — Siège des facultés instinctives et intellectuelles. Base : les os du crâne et de la face.

EXPRESSION. — Par son expression, la tête reflète l'énergie, le caractère du cheval, son état de santé.

Elle est *expressive*, le cheval a de *la figure*, de la *physionomie*, lorsque la tête indique du sang, de la noblesse. Le cheval *manque de physionomie* lorsque l'expression de la tête est atone. Cette expression peut indiquer la *méchanceté*, un *mauvais cœur*, etc.

FORMES D'ENSEMBLE.

La forme type est celle d'une pyramide quadrangulaire renversée et tronquée à sa partie inférieure.

Tête carrée. — Type de beauté (arabes et quelques pur sang); front haut, large et plat, chanfrein droit, dimensions moyennes.

Tête conique (*chevaux qui boivent dans un verre*). — Chevaux délicats et d'organisation fine : souvent marque de vieillesse (amincissement des maxillaires).

Tête camuse. — Concavité de la face antérieure (chevaux bretons, landais, corses, quelquefois arabes).

Tête de rhinocéros. — Dépression très grande au milieu du chanfrein, ordinairement produite par la muserolle ou le caveçon et faisant saillir le bout du nez (peut gêner la respiration).

Tête busquée. — Convexité de la face antérieure :
Moutonnée, seulement chanfrein convexe.
De lièvre, front convexe.
De vielle, courbe sans interruption ni ressaut de la nuque aux lèvres (tête en *botte à violon*).
Ces formes, sans élégance, sont accusées à tort d'être signes d'une prédisposition au cornage; elles sont l'apanage des chevaux allemands, normands, marocains, espagnols, etc.

Tête de brochet. — Mâchoire inférieure étroite et allongée.

DIMENSIONS

Une tête bien proportionnée doit se trouver deux fois et demi dans la hauteur du garrot au sol et dans la longueur de l'angle de l'épaule à la pointe de la fesse.

Trop longue, elle surcharge l'avant-main; elle est disgracieuse.

Trop courte, elle est une beauté absolue si elle n'est pas en même temps *plaquée* ou *chargée en ganaches* et si sa brièveté n'est pas exagérée.

Trop grosse, elle témoigne d'un grand développement de la charpente osseuse.

Grasse et empâtée, elle est un indice de lymphatisme.

Sèche, elle accuse du sang.

Vieille ou décharnée, elle accuse la vieillesse.

ATTACHES

L'attache de la tête a pour base les deux premières vertèbres cervicales (atlas et axis).

Tête bien attachée. — Région parotidienne et gorge larges et bien évidées (*cheval bien cravaté*); mouvements faciles et aisés.

Tête mal attachée. — *Décousue* lorsque la gouttière parotidienne est trop accusée. *Plaquée*, lorsque cette gouttière n'existe pas ou très peu et que les ganaches sont larges.

Tête bien portée. — Oblique en avant et en bas, inclinée à 45° : convient au cheval bien équilibré dans ses allures naturelles (cheval d'extérieur).

Tête verticale. — Allures ralenties : position naturelle chez certains chevaux andalous.

PORT OU DIRECTION — **Tête horizontale** (*cheval qui porte au vent*). — Favorise la vitesse ; direction difficile.

Tête inclinée en dedans (*cheval encapuchonné, en dedans de la main*). — Souvent défense du cheval : enlève tout perçant.

Chercher la position à donner à la tête suivant le cheval ou le service qu'on veut lui demander : consulter l'état du rein et des jarrets ; observer comment le cheval livré à lui-même place sa tête.

MOUVEMENTS DE LA TÊTE. — Facilités par le jeu de deux articulations : atloïdo-occipitale (charnière imparfaite : flexion et extension), axoïdo-atloïdienne (artic. pivotante : latéralité et rotation).

Placer vertical dans le plan médian du corps (ramener).

Extension ou redressement dans ce plan médian.

Déplacements latéraux de la tête sur l'encolure.

Redressement pivotant de la tête en arrière à droite et en arrière à gauche.

Il faut s'attacher à mobiliser la tête sur l'encolure en évitant l'assouplissement excessif de cette dernière, surtout à sa base.

Vingt-et-unième Question

RÉGIONS DE LA TÊTE

Extrémité supérieure ou postérieure.
- Nuque.
- Toupet.
- Parotides.
- Gorge.

Face antérieure.
- Front.
- Chanfrein.
- Bout du nez.

Faces latérales
- Oreilles.
- Yeux.
- Tempes.
- Salières.
- Joues.
- Naseaux.

Face postérieure.
- Auge.
- Ganache.
- Barbe.
- Menton.

Extrémité inférieure. — Bouche et ses subdivisions.

NUQUE. — Sommet de la tête. Base : protubérance occipitale.
Doit être *longue, large, arrondie, saillante.*

MAL DE TAUPE. — La nuque peut présenter des dépilations, des plaies, des cors, etc. (frottements ou pressions de la têtière, contusions, chevaux qui tirent au renard). Le *mal de taupe* en est la conséquence possible : abcès suivi de suppuration qui peut atteindre le ligament cervical et même l'occipital.

TOUPET. — Touffe de crins entre les oreilles : finesse chez les chevaux de sang; grande longueur chez les chevaux barbes.

PAROTIDES. — Au-dessous des oreilles. Base : glandes salivaires.
Attaches de la tête. Fistules salivaires, engorgement, abcès, gourmage, etc.

GORGE. — Angle inférieur de la tête et de l'encolure : son ampleur convient au bon développement de l'appareil respiratoire. — Pincement de la gorge pour faire tousser; traces du collier de tic : cicatrices de l'arythénoïdectomie, traces de vésicatoire, etc.

FRONT. — Entre nuque et chanfrein. Base : occipital, frontal, pariétaux.
Saillies musculaires en forme de V renversé formées par les crotaphytes.
Doit être *large.* Les chevaux rétifs ont souvent le front *étroit* et *droit* ou *plat* (front des poulains).
Influence de la forme du front sur la forme de la tête.

CHANFREIN. — Entre front et naseaux.
Doit être *large, court* et *droit* (qualités qui sont en rapport avec le grand développement de l'appareil respiratoire.)
Convexe, concave, trop étroit, trop long, il modifie la forme générale de la tête (voir question XX).
(Traces de fractures, cicatrices de la trépanation, excoriations ou exostoses (caveçon), traces de feu chez les chevaux algériens.

BOUT DU NEZ. — Entre les naseaux et la lèvre supérieure : poils ou tentacules qui aident au sens du toucher; quelquefois moustaches.
Traces du tord-nez. — Cicatrices : indices de chute.

OREILLES . . . . .

Base ; la conque mue par les muscles.

Doivent être *plutôt courtes, minces, mobiles, écartées l'une de l'autre, bien plantées.*

Cheval *oreillard* ou *mal coiffé :* oreilles *plaquées* ou *de cochon* (*pendantes* et *ballotantes*); autrefois on corrigeait le défaut en amputant l'oreille par le milieu (cheval *moineau* ou *breteaudé*). En Algérie, oreille fendue (jadis chevaux réformés); — quelquefois l'oreille est cassée; traces du tord-oreille.

Fraudes des marchands : faire les poils des oreilles, capuchon, fil de soie, balle de plomb.

Indices fournis par les oreilles . .

SUR LE CARAC-TÈRE . . . .

Oreilles en mouvement. — Cheval peureux ou capricieux, pour le moins *écouteux.*

Oreilles couchées : méchant, mauvais cœur ou très impressionnable .

Oreilles piquées en avant : tempérament généreux.

SUR LA VUE : le cheval aveugle a les oreilles toujours en mouvement.

SUR LA SURDITÉ : le cheval sourd dirige les oreilles toujours du côté où il regarde et les tient immobiles.

YEUX. (Voir question XII). — « Dans l'œil du cheval se découvrent son inclination, sa colère, sa malice, sa santé, sa maladie » (Solleysel).

Beautés. — Pour être beau, l'œil doit être *grand, bien ouvert, expressif, limpide* et *transparent, à fleur de tête* et *loin de la nuque*; les paupières *fines, souples* et *bien fendues*.

Défectuosités . . .
{
Les yeux défectueux peuvent être :

Petits, gras ou de cochon : chevaux communs.

Gros ou de bœuf : très saillants et sans expression.

Creux ou caves : lassitude, épuisement, vieillesse.

Trop convexes : chevaux myopes.

Trop peu convexes : chevaux presbytes.

Inégaux : souvent indice de fluxion.

Vairons : défaut de piquementation de l'iris sans importance pour la vue.

Cerclés : cercle blanc formé par la sclérotique autour de la cornée : donnent air méchant.
}

Examen de l'œil. — Le cheval borgne regarde de côté, agite différemment ses oreilles, marche de travers : le cheval aveugle agite les oreilles, marche avec précaution, cherche à flairer les objets.

Pour juger de la *mobilité* et de la *réaction papillaire*, examiner dans l'obscurité d'abord puis en pleine lumière; comparer les deux yeux.

Pour l'examen de la conjonctive (utile au point de vue de santé), ouvrir les paupières avec le pouce et le premier doigt. — Conjonctive rosée indique la santé; pâle, l'anémie; injectée, infiltrée, rouge sombre, indique une maladie organique grave.

Détermination de la *tension oculaire*, en appliquant la main comme un voile sur la partie la plus mince de la paupière supérieure, afin de concentrer la lumière sur le globe de l'œil.

Par la *recherche des trois images*, on se rend compte de l'état de la cornée, du cristallin et de l'humeur aqueuse.

Enfin, examen à l'*ophtalmoscope* (fond de l'œil).

Tares et maladies .
{
Excoriations et *déchirures* de l'arcade sourcilière et des paupières.

Lippitude ou *blépharite* : inflammation des glandes de Meibomius.

Onglet : inflammation du corps clignotant.

Verrues : sous les paupières.

Mélanose ou *hypertrophie (encanthis)* de la caroncule lacrymale.

Pour les maladies et tares des membranes et milieux voir XII⁰ question.
}

NASEAUX. — Orifices extérieurs des cavités nasales.

Doivent être *amples* et *mobiles* : la pituitaire doit être rosée.

Examen de la pituitaire avec le pouce et le premier doigt. — Montrer le cheval au vétérinaire dès qu'il y a jetage (gourme, morve, coryza, collection des sinus) ou en cas de pustules ou d'excoriations (Horsepox).

Coup de foulard des marchands de chevaux.

Mouvement de soubresaut des naseaux du cheval poussif.

JOUES. — Parois latérales de la bouche (plat de la joue : poches de la joue).

Beautés. — Doivent êtres *sèches, fermes, bien musclées*.

Défectuosités. — Joues *chargées ou décharnées* : cheval qui *fait magasin*, celui qui garde des aliments accumulés entre les dents et la joue (carie des dents ou paralysie des joues, irrégularités dentaires).

Tares et maladies. — Quelquefois les joues sont le siège de fistules salivaires (canal de Sténon).

TEMPES. — Au-dessous des oreilles. Base : articulation temporo-maxillaire.
Doivent être *sèches et nettes.*
Poils blancs indiquent la vieillesse : chez les poulains (cillés), indiquent pour l'avenir une robe avec poils blancs.
Cicatrices , traces de chutes ou de coups; quelquefois fistules synoviales (arthrite de l'articulation de la mâchoire).

SALIÈRES. — Cavités au-dessus des yeux.
Pleines chez les jeunes chevaux, elles se creusent avec la vieillesse (insufflations d'air par les maquignons).

AUGE. — Cavité entre les branches du maxillaire.
Doit être *large, sèche, profonde.*
L'engorgement de l'auge (cheval glandé) sert de diagnostic dans plusieurs maladies : en cas de morve, glandes dures, mamelonnées, généralement profondément adhérentes par un pédoncule; dans les autres cas (gourme, travail de dentition, etc.), tuméfaction diffuse, ou abcès bien délimité et caractérisé.

GANACHES. — Base : bord postérieur et refoulé des branches du maxillaire inférieur (exploration du pouls).
Doivent être *légères, sèches, bien écartées, dépourvues de poils longs et grossiers.*
Cheval *chargé en ganaches,* en général de race commune.
Fistules provenant de carie dentaire.

BARBE (PASSAGE DE LA GOURMETTE). — Base : réunion des branches du maxillaire inférieur.
Sèche, nette, légèrement arrondie. — *Tranchante* ou *empâtée* elle est trop ou insuffisamment sensible à l'action de la gourmette.
Traces d'excoriations, d'exostoses, de fistules (supprimer ou garnir la gourmette de protecteurs)

MENTON (HOUPPE DU MENTON). — Saillie hémisphérique au-dessus de la lèvre inférieure.
Ferme et *bien circonscrite* : chevaux qui tiquent avec appui du menton.

BOUCHE — Ouverture de l'appareil digestif; doit être moyennement fendue.

Lèvres. — Doivent être *minces, fermes, peau fine* : moustaches : lèvre pendante, défaut congénital ou indice de la vieillesse : paralysie et perte de la salive.
Influence des lèvres dans la conduite du cheval (cheval qui casse la noisette, qui bat des lèvres; cheval qui s'arme des lèvres, qui fait des forces.)
Traces de plaies, d'indurations aux commissures des lèvres (mauvaise embouchure, mauvaise main).
Pustules de Horsepox, abcès, ulcérations morvo-farcineuses; engorgement en cas d'anasarque : cheval qui *fume la pipe* (immobilité, vertige, tétanos).

Dents. — Voir quest. 43-45.

Gencives. — Doivent être *roses* et *fermes.*

Barres. — Espace compris entre les molaires et les crochets ou les coins : servent d'appui au mors. Base : bord supérieur du maxillaire recouvert de la muqueuse buccale.
Doivent être *nettes, moyennement arrondies, de niveau* avec la langue.
Tranchantes, elles sont trop sensibles (bouche fausse, égarée); *trop arrondies,* elles sont trop dures (bouche dure, indifférente). — Leur rôle combiné avec celui des lèvres dans la conduite du cheval.

BOUCHE (suite).

Meurtrissures, plaies, callosités causées par le mors ; fractures fistules, esquilles.

Langue. — Suspendue par l'os hyoïde.

Doit *remplir exactement la bouche*, ne doit être ni *trop épaisse*, ni *trop mince*, ni *pendante*, ni *serpentine* : elle ne doit pas passer par-dessus le mors. — Son rôle dans la conduite du cheval.

Langue coupée (chevaux qui tirent au renard), paralysée, traces plaies (caries dentaires) : couleur et fraîcheur de la langue à consulter en cas de maladie.

Canal de la langue. — Les barbillons peuvent être enflammés (*painvin* ou *grenouillette*).

Palais. — Plafond de la bouche.

Gonflement de la muqueuse : lampas, symptôme de l'évolution dentaire ou stomatite à tort considéré autrefois comme maladie et traité par une saignée faite au bistouri, avec une corne ou un cautère.

Vingt-deuxième Question

DE L'ENCOLURE

Entre la tête, le garrot, les épaules et le poitrail. Base : vertèbres cervicales, ligament cervical, trachée-artère, œsophage, muscles.
Forme de pyramide tronquée, aplatie.

DEUX FACES. — Droite et gauche. Gouttière de la jugulaire.

DEUX BORDS — Inférieur a pour base trachée et œsophage (à gauche) ; doit être *large*. — Supérieur a pour base ligament cervical. Porte la crinière : doit être *mince* et même *tranchant*.

Pour être belle, l'encolure doit être *droite, pyramidale* aussi *longue* que le permet l'harmonie avec l'ensemble, *bien attachée* à la tête (cheval bien cravaté), *bien greffée*.

Défectuosités ou particularités.

ENCOLURE COURTE. — Chevaux de gros trait.

ENCOLURE ÉPAISSE. — Chevaux entiers, vieux châtrés, communs.

ENCOLURE LONGUE. — Cheval ayant de la branche.

ENCOLURE GRÊLE. — Souvent chevaux nerveux.

ENCOLURE HORIZONTALE. — Souvent chevaux de pur sang. Le cheval pèse à la main.

ENCOLURE ROUÉE. — Chevaux qui s'encapuchonnent.

ENCOLURE DE CYGNE. — Chevaux plus brillants que rapides.

ENCOLURE RENVERSÉE OU DE CERF. — Tête en l'air (coup de hache).

ENCOLURE CHARGÉE, TOMBANTE. — Chevaux communs.

ENCOLURE MAL SORTIE, FAUSSE, CHEVILLÉE. — Chevaux souvent de conduite difficile.

DE LA CRINIÈRE. — Chez les chevaux distingués, elle est *fine, peu fournie, simple*. — Chez les chevaux communs, elle est *épaisse, double*.

Se porte à droite ou à gauche (à gauche dans l'armée), en brosse, à la hussarde.

Tares et maladies.

Durillons ou cors produits par le colliers ou la selle.

Plaies ou fistules (mal d'encolure).

Rouvieux. — Gale de la crinière.

Dépilation fréquente chez les vieux chevaux.

Cicatrices pouvant résulter de traitements pour phlébite, lymphangite, thrombus, trachéotomie.

Goître. — Grosseur du gosier due à l'hypertrophie des corps thyroïdes.

DE LA SAIGNÉE

Opération consistant à extraire des veines du sang en quantité variable. — Elle est ordinairement pratiquée à la jugulaire, à gauche et au tiers en partant de l'extrémité supérieure.

Généralement on tire de 3 à 8 litres. — On aseptise au préalable la région en lavant au Van Swieten.

Opération : Flamme flambée, bâtonnet, épingles flambées; vase gradué. Crins et fils. Nœud de la saignée. — Éviter introduction de l'air. — Laisser le cheval au repos pendant quarante-huit heures. — Les accidents consécutifs peuvent être : introduction d'air, transpercement de la veine, piqûre de la carotide, thrombus, phlébite. Saignées locales : saphène, veine de l'ars, en pince, etc.

Thrombus. — Caillot volumineux à la suite de la saignée. — Causes : frottement sur la saignée, travail trop tôt, saignée baveuse, mal arrêtée.

Terminaison : Résolution ou phlébite c'est-à-dire inflammation de la veine avec hémorrhagie ou suppuration, obstruction, gangrène même; peut entraîner le vertige, l'immobilité, etc. Ces accidents sont devenus rares depuis l'adoption de l'asepsie et de l'antisepsie.

Vingt-troisième Question

DU GARROT. — Entre l'encolure et le dos. Base : apophyses épineuses des premières vertèbres dorsales, cartilages complémentaires des omoplates et nombreux muscles et ligaments qui les unissent à la région.

Beautés. — *Élevé, sec, bien musclé, à la base prolongé en arrière, fin, net.* — Avantages d'un beau garrot sur la conformation et les allures. Pas encore sorti chez les jeunes chevaux. Sort à cinq ans.

Défectuosités . . .
{
GARROT BAS. — Apanage ordinaire des chevaux communs; défectueux pour les chevaux de selle.

GARROT GRAS, CHARNU. — Indice de lymphatisme. Joint au défaut précédent un excessif empâtement.

GARROT COUPÉ. — Trop court (rein long), prédisposé aux blessures.

GARROT TRANCHANT. — Trop élevé, nécessite des précautions pour ajuster la selle, mais est indice d'énergie, donne silhouette.
}

Tares et maladies. — Peut être à son sommet et sur les côtés le siège de *kystes, cors, abcès, tumeurs, plaies, fistules*; — cheval *garroté* (voir plus bas). Couverture bien pliée pour dissimuler le *mal de garrot*; crins savamment faits pour faire sortir le garrot.

DU DOS. — Entre le garrot et le rein. Base : dernières vertèbres dorsales et extrémité supérieure des côtes correspondantes.

Forme avec le garrot la clef de voûte de la cage thoracique (son rôle dans la transmission de l'impulsion des membres postérieurs).

Beautés. — *Moyennement long, droit, suffisamment large, un peu saillant sur la ligne médiane.*

Défectuosités . . .
{
DOS COURT. — Solide, mais allures heurtées; chevaux qui forgent, s'atteignent et souvent poitrine peu profonde.

DOS LONG, par conséquent MOU. — Flexibilité nuisible à la force; ce défaut est presque toujours accompagné d'un *dos ensellé* ou *creux, négligé* si défaut peu prononcé.

DOS CONVEXE, DE CARPE OU DE MULET. — Voussé en contre-haut; réactions dures, disposition aux blessures par la selle; force.

DOS PLONGÉ. — Incliné d'arrière en avant, favorise l'impulsion; trop prononcé, rend le cheval maladroit, exposé à être blessé en arrière des épaules.

DOS EN MONTANT. — Défaut inverse; allures élevées, légères, brillantes, peu rapides.

DOS TRANCHANT. — Très sujet aux blessures.

DOS DOUBLE. — Chevaux de gros trait, lourds et disgracieux.
}

Tares et maladies. — *Plaies, cicatrices, cors, durillons, tumeurs* chaudes ou froides sur les côtés ou au milieu (voir plus bas), *kystes, exostoses* au sommet des apophyses épineuses.

DU REIN. — Entre le dos et la croupe. Base : vertèbres lombaires. Son rôle important dans l'impulsion de la machine et pour supporter le poids du cavalier.

Beautés. — *Court, large, droit, bien musclé, bien attaché, souple à la pression;* aucune dépression dans son attache avec le dos (cheval *bien noué, bien soudé*).

Défectuosités . . .
{
REIN MAL ATTACHÉ OU SOUDÉ, FAUX, MOU : ne pas confondre le rein qui pêche par son attache avec celui qui ne fait que le paraître à cause de la *bosse du saut* (saillie de l'ilium, disposition à rechercher).

REIN LONG : rend le cheval décousu et expose aux blessures du porte-manteau.

REIN TRANCHANT (blesse facilement).

REIN DOUBLE (chevaux communs, qui se bercent, ou trop gras).
}

Défectuosités (suite).
> Rein plongé (comme le dos).
>
> Rein convexe : conséquence de l'âge ou défaut congénital. Dans ce dernier cas, donne de la force et a plus d'avantages que d'inconvénients pour les chevaux de bât et les gros limoniers ; dépression du rein des poulinières.
>
> Rein voussé : souffrance ou malaise passager ; froid, poids du cavalier se mettant en selle.
>
> Rein flexible : plutôt impressionnabilité de la peau que manque de forces : quelquefois mauvais jarrets.

Tares et maladies. — *Blessures, plaies, tumeurs, kystes* (cheval rognonné) : les traces de feu et de vésicatoire doivent faire craindre un ancien tour de rein, c'est-à-dire de la paraplégie ou une entorse (voir plus bas). Sinapismes ou piqûres d'épingles employés par les marchands de chevaux pour dissimuler une mauvaise attache de rein.

BLESSURES PAR LE HARNACHEMENT.
> **A la tête** : bride, bridon, caveçon, licol, gourmette.
>
> **Au garrot et à l'encolure** (selle, collier, sellette) ;
>
> **Aux côtes, à la poitrine, au passage des sangles** (sangles, faux quartiers, porte-sabre) ;
>
> **Aux épaules, au poitrail, aux fesses** (bricole, collier, avaloire) ;
>
> **Sur les côtés du dos et du garrot** (bandes de la selle) ;
>
> **Sur le dos** (arçons de la selle, surfaix d'écurie) ;
>
> **Sur le rein** (arçons de la selle, bissac, manteau, etc.) ;
>
> **Sur le flanc et à la hanche** (bissac, sabre) ;
>
> **Sur la croupe et la queue** (croupière).

NATURE DE CES BLESSURES; SOINS A LEUR DONNER. — Ces blessures prennent diverses formes et peuvent consister en *tumeurs chaudes ou froides, kystes, tumeurs sanguines, plaies simples, humides ou suppurantes, cors, durillons ou boutons.* Elles peuvent se compliquer de maux de garrot, d'encolure, de nuque, de rognons, de lymphangite, de tétanos, etc.

Tumeurs froides. — Apparaissent au moment où on desselle et peuvent entraîner cors, plaies, etc.
Retarder le dessellage suffit le plus souvent : sinon massages et tapotages à deux mains : gazon ou éponge imbibée d'une solution astringente.

Tumeurs chaudes. — Œdèmes chauds et douloureux, phlegmoneux, plus graves que les précédents. — Peuvent devenir plaies, cors ou abcès.
Réfrigérants et astringents : aménagement de fontaines, suppression de la charge.

Kystes. — Question XVIII. — Au garrot, deviennent facilement *mal de garrot.*

Tumeurs sanguines. — Plutôt résultat de morsures que de blessures du harnachement. Tumeurs molles, pleines de sang, douloureuses, apparaissent subitement.
Séton ou ponction dans le cas où les astringents ou fondants auraient été impuissants.

Plaies simples, sèches, humides. — Lavages, astringents et antiseptiques ; emploi de toile cirée.
Plus graves, les plaies deviennent *suppurantes,* et réclament alors les soins d'un vétérinaire.

Cors. — Parties de peau et de tissus mortifiées à la suite de pressions. En marche, n'y point toucher; supprimer la cause en pratiquant une fontaine. — En garnison, hâter la maturité du cor pour pouvoir l'extirper par dissection et panser la plaie consécutive comme ci-dessus.

Durillons. — Nodosités dues à l'induration de la peau où à l'inflammation d'une glande sudoripare ou sébacée. En route, supprimer la cause sans y toucher (fontaine). En garnison, fondants mercuriels ou pointes de feu.

Éruptions ou boutons. — Soulèvements épidermiques accompagnés d'écoulement séreux, puis terminés par des croûtes qui tombent. Glycérine iodée et contre les plaies cicatrisants : teinture d'iode, liqueur de Villate, etc.

Mal de garrot et mal d'encolure. — Aggravation d'une blessure simple du harnachement : phlegmon plus ou moins volumineux, douloureux, suppurant, entraînant la nécrose des ligaments sus-épineux, cervical ou dorso-lombaire, et souvent des apophyses épineuses. Tendance à gagner en arrière et en avant.

Traitement : injections antiseptiques, débridement des fistules, puis cautérisations au nitrate d'argent ou au fer rouge ou mieux opération, c'est-à-dire excision des parties nécrosées et irrigation continue.

Très long et très grave, même en guérissant.

Mal de nuque ou de taupe et mal de rognon. — De même nature que les précédents, mais à la nuque ou sur le rein. — Se traitent de la même manière. Ont tendance, surtout le premier, à creuser comme le fait la taupe.

RECOMMANDATIONS HYGIÉNIQUES ET PRÉCAUTIONS CONTRE LES BLESSURES DU HARNACHEMENT. — Avant d'avoir recours au vétérinaire, le zèle d'un officier peut suffire pour prévenir ou même arrêter toute menace de blessure : pour cela, porter son attention sur les points suivants : bon état d'entretien des chevaux, du harnachement; soins apportés dans le sellage; réglage judicieux des marches, bonne instruction des cavaliers; surveillance des gradés — et enfin premiers soins curatifs ou moyens hygiéniques contre une blessure à ses débuts (fontaines, tapis de feutre, tapis de paille allemand; modification du paquetage : couverture supprimée ou pliée à la mexicaine; toile cirée simple ou graissée; ablutions froides : application de gazon, terre glaise, éponge humide, eau blanche; solution de Knaup, etc.).

Vingt-quatrième Question

DE LA CROUPE . . . Placée entre le rein, les hanches, la queue, les cuisses et les fesses. — Base : le coxal et le sacrum. — Région extrêmement importante; renferme les leviers qui transmettent l'impulsion des membres postérieurs au corps.

Longueur. — De l'angle de la hanche à la pointe de la fesse. — Doit être aussi longue que possible, quel que soit le service. Démonstration mathématique.

DE LA CROUPE (suite).

Direction. — Ligne unissant la hanche à la pointe de la fesse, et non ligne de faîte. — Différentes théories.

La croupe horizontale donne une forte impulsion et de la vitesse, mais la ligne de dessus manque de force.

La croupe inclinée à 30° semble l'idéal, surtout si elle est longue. — Le cheval *a de la chasse*.

L'inclinaison exagérée de la croupe enlève au cheval de la vitesse et de l'étendue dans les allures, mais lui donne une extrême puissance de l'arrière-main (chevaux de steeple célèbres). Influence du genre de travail sur la direction de la croupe des poulains (yearlings et chevaux de montagne).

Largeur. — Se mesure d'une hanche à l'autre, et à l'écartement des pointes des fesses. — Lorsque les deux lignes unissant chaque hanche à la pointe de la fesse correspondante tendent au parallélisme et que la région est large et longue, le cheval a un *beau carré de derrière*.

Épaisseur. — La largeur doit coïncider avec une bonne inclinaison latérale des iliums, des hanches plutôt basses, une épine sacrée saillante, des pointes de fesses suffisamment écartées, ensemble qui constitue l'épaisseur.

Musculature. — Saillie, fermeté et délimitation bien accusées des muscles croupiens, s'alliant presque toujours à des éminences osseuses très développées.

PARTICULARITÉS ET DÉFECTUOSITÉS .

Croupe courte. — Défaut absolu.

Croupe trop large, double ou plate. — Peut être bonne pour les chevaux de gros trait. — Indique généralement un cheval commun. — *Double*, elle présente un sillon médian et a une forte musculature. — *Plate*, elle manque de muscles.

Croupe étroite, en amande. — Le cheval manque de force ou a des formes étriquées (cheval *plaqué*, *pointu du derrière*).

Croupe horizontale. — Les jarrets sont trop en arrière. La ligne du dessus est faible.

Croupe oblique. — Peut placer les chevaux sous eux, mais présente beaucoup d'avantages. Exagérée, elle devient *basse*, *avalée*, *en pupitre*, *coupée*.

Croupe tranchante ou de mulet. — Épine sacrée saillante.

Croupe en cul-de-poule. — Amas de graisse à la naissance de la queue (chevaux allemands, hollandais).

Croupe anguleuse. — Saillies osseuses très prononcées, par conséquent grand développement musculaire. Beauté absolue. *Bosse du saut* (chevaux irlandais).

Croupe vacillante. — Lorsqu'elle oscille d'un côté à l'autre; faiblesse de l'arrière-main.

DES HANCHES. — Région paire qui a pour base l'angle externe de l'ilium. Doivent présenter une *saillie* bien accentuée, être *écartées* et *au même niveau*.

Trop saillantes, elles font le cheval *cornu*.

Peu saillantes, elles sont *effacées*, *noyées*, *coulées*, *fondues* (croupe étroite).

Plus basse et moins saillante l'une que l'autre, le cheval est *éhanché*, *épointé*, *pris dans une porte*, a un *coup de bulai*. — Se contracte en entrant ou en sortant de l'écurie.

Tares et maladies. — Peuvent présenter des fractures, excoriations, plaies, fistules, conséquences de chutes, de heurts violents, etc.

EXAMEN D'ENSEMBLE DE LA LIGNE DE DESSUS. — Le dessus doit être envisagé dans sa direction, dans sa longueur, dans sa saillie médiane (épine dorso-lombo-sacrée), sa musculature, sa largeur, etc.

Le cheval a un *bon dessus*, un *mauvais dessus*; il l'a *fort, faible, soutenu, mou, large étroit, musclé.*

Si la ligne de dessus monte en avant d'une manière exagérée, il est *fait en girafe*. Jamais avantageux.

Si elle plonge, elle présente une bonne disposition pour la vitesse.

En résumé, il faut que la ligne qui joint l'angle dorsal de l'épaule à la hanche (ligne scapulo-iliale), soit très courte et que la dimension qui s'étend de la pointe de l'épaule à la pointe de la fesse (ligne scapulo-ischiale), soit très longue (*cheval court dans son dessus et long dans son dessous*).

Vingt-cinquième Question

La **ligne de dessous** comprend le *passage des sangles*, le *ventre*, les *organes génitaux*.

DU PASSAGE DES SANGLES. — En arrière des coudes et en avant du ventre. Base : partie postérieure du sternum.

Beautés. — Doit correspondre à une dépression apparente du sternum, être *arrondi sur les côtes, aplati en bas, bien descendu* (cheval qui *a du surfaix*, qui est *près de terre*). On peut *faire le passage des sangles* chez les poulains en les laissant à l'écurie sanglés avec un surfaix.

Défectuosités. — Cheval qui *manque de passage de sangles* (trop près du coude) ou qui a un *mauvais passage de sangles* (aplati, déprimé, peu descendu).

Tares et maladies. — Œdème, ou traces de blessures causées par la sangle; traces de vésicatoires, sétons ou de sinapismes pour fluxion de poitrine.

Cheval pincé au passage des sangles. — A été trop serré par la sangle ou a eu la peau pincée entre deux sangles lorsqu'il y en a deux. Tumeur œdémateuse, chaude, accompagnée ou non d'excoriation ou de suintements séreux. Prendre garde que la tumeur ne s'endure. Blanc d'Espagne ou terre glaise délayée dans du vinaigre, éponge, motte de gazon, pommade mercurielle, etc.

DU VENTRE. — Paroi inférieure de l'abdomen.

Beautés. — Doit être régulièrement arrondi, se fondre avec les côtes et le flanc et ne descendre que très peu au-dessous du sternum. N'avoir pas les hypochondres (cercle cartilagineux des fausses côtes) trop développés, trop descendus.

Défectuosités. — *Ventre avalé, tombant, de vache* : trop volumineux, à hypochondres développés; chevaux communs, gros mangeurs, manquant de travail et juments poulinières. — *Ventre lévreté ou retroussé* : cheval qui *manque de boyau, taille de guêpe, beaucoup d'air sous le ventre* : chevaux qui se nourrissent mal, mais aussi certains chevaux de pur sang très énergiques.

Tares et maladies. — Œdème ; traces de sétons ou de vésicatoires ; *hernies* (tumeurs molles qui renferment une anse de l'intestin) *ombilicales*, en avant du fourreau, rares et peu graves, peuvent cependant s'étrangler ; ou *ventrales* à la suite de coups de corne de ruminants ou autres causes, siègent sur les côtés ou sur le flanc ; peuvent s'étrangler, surtout en cas de coliques et se compliquer.

ORGANES GÉNITAUX DU MALE (question XIII).

Bourses. — Sacs membraneux contenant les testicules et renfermés ensemble dans un pli de la peau (scrotum).

Beautés. — La peau des bourses doit être *mince, souple, luisante, onctueuse, mobile* et *dépourvue de poils* (chevaux fins et bien entretenus). — Parfois taches de ladre.

Défectuosités. — La peau est épaisse, velue, écailleuse (chevaux communs, en mauvais état).

Testicules (cheval entier). — Contenus dans les bourses : le gauche généralement gros et plus pendant que le droit ; se rétractent sous l'influence du froid, de la peur. A la naissance, les testicules sont dans les bourses : au bout de quelques jours, ils remontent pour ne redescendre ensemble ou séparément que quelques mois plus tard (quelquefois à 3 et 4 ans).

Cheval *hongre, castré, châtré, émasclé* (cicatrice simple ou double selon l'opération pratiquée ; quelquefois simulée).

Cheval chriptorchide. — *La cryptorchidie double* ou *simple* peut être inguinale ou abdominale : chevaux *anorchides, monorchides, pifs, verts, bistournés* ; — ce dernier terme impropre).

La cryptorchidie est héréditaire (Master-Way et La Clôture).

Pour les tares et maladies des testicules, voir question 13.

Fourreau. — Repli de la peau et expansion fibro-élastique pour soutenir et protéger la partie libre de la verge.

Volume moyen, assez ample pour contenir la verge : peau luisante, onctueuse, ferme.

Bruit de grenouille dû au retrait de la verge (tampon d'étoupes), verrues ou poireaux ; tumeurs mélaniques (en cas d'opération, cicatrices longues à guérir) : œdème ; inflammation (acrobustite) causée par la malpropreté ; *cambouis.*

Verge ou pénis. — Doit sortir du fourreau au moment de la miction de l'urine. Cheval qui pisse dans son fourreau. Verge pendante (paralysie). — Chevaux entiers qui se masturbent.

Verrues, tumeurs mélaniques, pustules provenant soit du horsepox, soit de la dourine.

MAMELLES DE LA JUMENT. — Au-dessous du pubis, occupent la place correspondante à celle occupée par les bourses et les testicules ; prennent du développement pendant la gestation et la lactation : mamelons. — Les mamelles sont plissées et les mamelons sont flasques chez les juments ayant nourri.

Tares et maladies. — Siège d'abcès, d'indurations, de tumeurs mélaniques, de cordes farcineuses, de *mammite*, inflammation causée par le dépôt du lait chez une mère privée brusquement de son poulain ou par des contusions, etc.

Vingt-sixième Question

La face antérieure du corps comprend le *poitrail*, l'*ars* et l'*inter-ars*.

POITRAIL . . . . .

A la base de l'encolure, entre la pointe des épaules et les bras.
Base : partie antérieure du sternum et muscles pectoraux.

Beautés. — *Large, à fortes saillies musculaires* (indices de puissance respiratoire) et à *carène sternale proéminente.*

Défectuosités. — TROP LARGE (chevaux cagneux) : chevaux *très ouverts*, qui *se bercent* ; indice de grande force, à éviter pour le cheval de selle.

TROP ÉTROIT (chevaux panards) : chevaux *serrés* ; défaut congénital ou acquis indiquant la faiblesse, la pauvreté musculaire. Ne pas prendre pour serrés, dans le sens défectueux, les chevaux dont le poitrail peu ouvert est musclé et étendu en hauteur, car chez eux il y a compensation et adaptation de la forme à la destination du cheval (chevaux de pur-sang et du Midi).

TRANCHANT : Appendice trachélien, très en saillie par suite de mauvais état.

CREUX OU ENFONCÉ : Dépressions latérales causées par l'amaigrissement ou la projection en avant de l'angle de l'épaule.

Tares. — Cicatrices provenant des blessures de la bricole ou du collier ; traces de sétons, de vésicatoires, d'injections hypodermiques (tumeurs indurées).

DE L'ARS. — Point de jonction de la face interne de l'avant-bras avec le tronc.
Peau fine, lisse, plissée, souple. Cheval qui *se fraie aux ars* (frottement irritant, contact de la boue, séjour de la sueur).
Chevaux autrefois saignés en avant du pli de l'ars ; aujourd'hui très rarement.

DE L'INTER-ARS. — Entre les deux membres antérieurs ou les deux ars.
Traces de sétons, de vésicatoires, d'injections hypodermiques.

APPLICATIONS VÉSICANTES ET RÉSOLUTIVES OU FEU ANGLAIS. — *Feu anglais* : applications sur la peau de diverses substances vésicantes et résolutives en vue d'obtenir les effets atténués du feu.
Ces substances sont liquides (embrocations) ou sous forme de pommade (vésicatoire pur ; pommade rouge au biiodure de mercure, onguent Méré, pommade Stewens, etc.).
Pour une *embrocation*, étendre à rebrousse poil et bien incorporer à la peau sans appuyer.
Pour une *friction* et *application de pommade*, couper les poils, activer la circulation par des frictions sèches, étendre une ou plusieurs couches de pommade vésicante, en assurer chaque fois l'absorption en frictionnant avec une spatule ou un tampon, puis étendre une dernière couche sans y toucher ; précautions à prendre pour protéger le membre opposé, pour empêcher le cheval de se mordre, etc.
Pour une *onction* (huile ou glycérine camphrée, etc.), enduire la peau à rebrousse poil par une sorte de massage léger, très doux, mais prolongé.

Vingt-septième Question

—

DES COTES. — **Les faces latérales du corps** comprennent les *côtes* qui circonscrivent la *poitrine*, les *flancs* et les *aines*. Base : les os du même nom jetés en arcs-boutants de la colonne vertébrale au sternum. Elles doivent présenter une *convexité assez prononcée*, être *longues, espacées* et fortement *projetées en arrière* (grande poitrine, obliquité de l'épaule) : ne pas croire qu'une côte très ronde, *bien cerclée*, puisse compenser son manque de longueur, surtout pour le cheval de selle.

Tares. — Dépilations et cicatrices; signes d'anciens sétons ou vésicatoires et, par conséquent, de maladie de poitrine grave; blessures du harnachement; la fracture d'une côte (peu grave) laisse un cal assez apparent.

DE LA POITRINE . . .

Cavité contenant le cœur et les poumons comprise entre les côtes, le sternum, les vertèbres dorsales et le diaphragme.

Beautés. — Doit être bien développée dans ses trois dimensions (hauteur, largeur, proteur, fondeurs : chevaux *bien corsetés*, qui ont un *beau corsage*).

HAUTEUR. — Du sommet du garrot au passage des sangles, jamais trop considérable : la poitrine est *haute, bien descendue*, le cheval est *près de terre*.

LARGEUR. — D'une paroi à l'autre, dépend de l'incurvation des côtes : doit être en rapport avec la forme générale du cheval. La poitrine aussi est plus large que haute, cylindroïde; ne convient qu'au cheval de trait; son fonctionnement est gêné par le poids du cavalier.

PROFONDEUR ou LONGUEUR (distance scapulo-costale). De l'angle de l'épaule à la dernière côte; beauté à rechercher, car l'écartement, l'incurvation, la projection des côtes en arrière peuvent augmenter cette profondeur sans entraîner la longueur du dos.

Défectuosités. — Lorsque la poitrine manque de hauteur, on dit que le cheval est *enlevé, loin de terre, léger de corsage*, qu'il manque de *sanglage*, qu'il a la *côte courte*, qu'il lui *passe trop d'air sous le ventre*, etc.

Lorsque la poitrine manque de largeur, elle est *étroite, serrée*, le cheval est *plaqué*; il a la *côte plate*.

Le cheval, dont la poitrine pèche dans les trois dimensions, a un *mauvais corsage*, il *n'a pas de dedans*, etc.

Importance de l'âge, de l'exercice et de l'alimentation dans le développement de la poitrine.

DU FLANC . . . . .

Entre les côtes, la hanche, la cuisse, le rein, le ventre. Base : muscles de l'abdomen.

Trois parties : le *creux*, le *fuyant* séparés par la *corde* du flanc.

Beautés. — *Plein, régulier* dans sa forme et dans ses mouvements, *court* (coïncide avec la brièveté du rein).

DU FLANC (suite) . . .

Défectuosités. — FLANC LONG. — Coïncide avec mauvais rein, poitrine peu profonde, grand développement du ventre.

FLANC CREUX. — Cavité supérieure très accentuée (ventre de vache); la fatigue ou l'abstinence creusent momentanément le flanc.

FLANC CORDÉ. — Saillie de la corde; état de souffrance (chevaux castrés, coliques, mauvaises digestions.

FLANC RETROUSSÉ. — Momentané par suite d'état maladif ou de grande fatigue.

FLANC LEVRETÉ. — Rétraction permanente du flanc; souvent chevaux énergiques, mais s'usant vite.

CHEVAL EFFLANQUÉ. — Dont le flanc est à la fois creux, cordé et retroussé.

Le flanc est le miroir de la poitrine.

Mouvements du flanc. — Isochrones avec ceux des côtes. Les mouvements doivent être *lents, uniformes* et *réguliers*; alternatifs d'élévation (inspiration) et d'abaissement (expiration) : 12 à 14 par minute; un mouvement plus ample tous les six ou sept. — Influence de l'exercice, de l'âge, des saisons, du temps, du poil.

Irrégularité variable des mouvements du flanc dans les maladies. En cas de pousse, *soubresaut, coup de fouet, contre-temps, double-temps.* Le *soubresaut* n'est vice rédhibitoire que s'il est dû à l'emphysème.

Pour examiner le flanc, se placer de biais et voir le fuyant.

RÉGION INGUINALE (AINES). — Point de réunion du ventre et de la cuisse. Base : anneau inguinal inférieur et ganglions inguinaux.

Engorgement ganglionnaire (farcin), hernie inguinale (sortie d'une anse intestinale ou d'un pli de l'iploon dans la gaine vaginale; du testicule, sous l'influence d'efforts graves); détermine coliques, s'étrangle rapidement; peut cependant être chronique. — Réduire la hernie et faire la castration avec les casseaux.

Vingt-huitième Question

La face postérieure du corps comprend la *queue*, l'*anus*, le *périnée*, la *vulve*.

DE LA QUEUE . . .

Appendice terminal de la ligne de dessus; la queue comprend l'ensemble des crins et des os coccygiens.

Beautés. — Forte à son origine, elle doit diminuer jusqu'à son extrémité; les crins doivent être fins; elle doit être *bien attachée* (implantée haut) et *bien portée* (tenue droite) : en *trompe* ou en *panache* sous l'influence d'une vive excitation. La résistance au soulèvement est généralement un indice d'énergie et de santé.

DE LA QUEUE (suite) .

QUEUE MAL ATTACHÉE. — Implantée bas.

QUEUE MAL PORTÉE. — Reste *collée* aux fesses.

QUEUE PORTÉE EN LAPIN. — Sort horizontalement d'une croupe avalée.

QUEUE PLANTÉE COMME DANS UNE POMME. — Sort horizontale d'une croupe en cul-de-poule.

QUEUE PORTÉE DE TRAVERS OU EN CHIEN. — Déjetée à droite ou à gauche (accidentelle ou naturelle, difficile à redresser).

Tares et maladies. — Siège de plaies (croupière) : de fistules, de caries osseuses (conséquence des opérations); gale, démangeaisons (malpropreté, vers intestinaux ou larves d'œstres), tumeurs mélaniques noires, contenant un pus fétide fréquent sur les chevaux gris à crins ondulés; paralysie (chutes en arrière); dépilations provenant des causes multiples ci-dessus.

ÉCOURTAGE ET NIQUETAGE. — Pour donner aux chevaux qui n'en sont pas dotés un beau port de queue.

Écourtage. — Opération qui consiste à enlever quelques nœuds au tronçon coccygien (*coupe-queue* ou cisaille spéciale, ou hachette avec billot : natter les crins au-dessus et serrer moyennement pendant 3 ou 4 heures pour arrêter l'hémorragie; cautérisation avec le *brûle-queue*, cautère annulaire; soins antiseptiques sans arrêt dans le travail). Cheval *écourté* ou *courte-queue*.

Niquetage. — Excision de lambeaux des muscles abaisseurs de la queue (usage de la poulie au plafond) : opération incertaine et parfois dangereuse qui tend à disparaître du domaine de la pratique; cheval *niqueté*.

Lorsque les deux opérations ont été pratiquées, le cheval est *anglaisé, courtaudé à l'anglaise.*

CRINS ET TOILETTE DE LA QUEUE. . . . . .

Importance de la toilette de la queue à laquelle on peut donner diverses formes.

CHEVAL A TOUS CRINS. — Tronçon intact : on touche rarement à la queue des pur-sangs.

QUEUE EN BALAI. — Tronçon raccourci, mais crins laissés longs.

QUEUE EN SIFFLET OU EN BROSSE DE BOULANGER. — Tronçon amputé très haut : crins taillés artistement au ras du tronçon.

QUEUE DE PAON, EN ÉVENTAIL (à cause de la forme qu'elle prend fréquemment) : tronçon écourté; crins coupés droits à quatre travers de doigt au-dessus de la pointe des jarrets; queues réglementaires dans l'armée (importance contre les mouches).

QUEUE EN CATOGAN (passée de mode) : deux mèches de toute la longueur des crins de chaque côté du tronçon écourté.

QUEUE DE RAT. — Tronçon dépourvu de crins (fausse queue).

GINGEMBRE. — Introduit dans l'anus; toujours employé par les marchands de chevaux pour faire *porter la queue.*

MOUVEMENTS ET PORT DE LA QUEUE. — Tombante et immobile au repos, sauf pour chasser les mouches.

En travail, haute et immobile ou se balançant moelleusement (chevaux de pur-sang).

Les juments pisseuses, les chevaux hargneux, méchants, rétifs *fouaillent* de la queue à l'approche de l'homme, pendant qu'on les selle, au contact des jambes.

Le cheval qui veut ruer serre la queue contre les fesses (culeron à palette).

Agitation fébrile de la queue du cheval atteint de coliques.

DE L'ANUS . . . . {
Orifice postérieur du tube digestif : muscle sphincter pour le tenir fermé.

Beautés. — Anus *bien marronné, petit, saillant, dur, bien fermé, plissé à son centre* ; noir ou taché de ladre.

Défectuosités. — *Volumineux, flasque, béant* : chevaux *vidards* (chevaux communs, mous, vieux ou épuisés).

Tares. — Siège de plaies, de fistules, de tumeurs mélaniques noires, en grappe, sujettes à s'ulcérer, incurables ou hémorroïdales (dilatation des veines anales : aproctose ou imperforation de l'anus (très rare) ; *renversement* du rectum ; larves d'œstres, mouchés plates.
Inutilité reconnue des fistules (*sifflets* ou *rossignols*), pratiquées sur les chevaux poussifs.

DE LA VULVE. — Orifice extérieur des organes génito-urinaires de la jument.
Lèvres arrondies, recouvertes de peau fine (plis longitudinaux chez les juments ayant pouliné) : à la commissure inférieure, le clitoris (époque de chaleur : juments *pisseuses* ou *wineuses*).

Tares et maladies. — Siège de verrues, de blessures, de pustules (horsepox ou dourine) ; quelquefois vulve bouclée avec des fils métalliques (juments au pâturage).

DU PÉRINÉE ET DU RAPHÉ. — **Périnée.** — Espace compris entre les fesses, de l'anus aux testicules ou à la vulve. — **Raphé** : couture médiane du périnée.
Peau fine et souple : trace de l'*urétrotomie* (extraction d'un calcul de la vessie ou du col de la vessie).
Quelquefois déchirés au moment de la parturition.

Vingt-neuvième Question

Chaque **membre antérieur** comprend l'*épaule*, le *bras*, l'*avant-bras*, le *coude*, le *genou*, le *canon*, le *boulet* ; le *paturon* et la *couronne* formant le *rayon phalangien*, et le *pied*.

DE L'ÉPAULE . . . . {
Appliquée contre la paroi antérieure du thorax. Base : le scapulum et son cartilage de prolongement.
Intimement unie au bras par l'articulation scapulo-humérale (*angle de l'épaule*), et à l'avant-bras par les muscles olécraniens : elle commande tous les mouvements des membres antérieurs.

Situation ou place qu'elle occupe sur les côtés de la tige rachidienne ; elle doit bien dégager l'encolure et pour cela avoir son angle antéro-supérieur sous le point culminant du garrot. *Trop en avant*, est un grand défaut chez les chevaux de selle.

Longueur. — De la pointe de l'épaule au sommet du garrot en tenant compte de la saillie des apophyses épineuses (longueur d'une tête entière). L'épaule *longue* est une beauté absolue (puissance des muscles, mouvement de bascule augmenté, poitrine haute). L'épaule *courte* est moins défectueuse pour le cheval de trait que pour les autres services.

Direction. — L'épaule n'est jamais trop *oblique* (direction des muscles moteurs du bras, fermeture de l'angle scapulo-huméral). L'angle scapulo-huméral, varie entre 110° et 130°.

L'épaule *droite* ou perpendiculaire n'est point aussi défectueuse pour les chevaux de gros trait que pour les autres services.

Musculature. — Le développement musculaire est un facteur important de la beauté de l'épaule : saillies musculaires bien dessinées.

ÉPAULE SÈCHE : tissu dur et ferme.

ÉPAULE MAIGRE, *mal musclée, décharnée* : degrés différents d'une musculature insuffisante.

ÉPAULE PLAQUÉE (généralement *froide* en même temps) : muscles effacés.

ÉPAULE MASSIVE, *chargée, charnue* : reliefs des masses musculaires noyés dans du tissu conjonctif (chevaux de trait).

Mouvements. — Doivent être souples, faciles et aussi étendus que possible.

ÉPAULES FROIDES, dont les mouvements bornés au départ deviennent plus libres lorsqu'elles sont échauffées.

ÉPAULES CHEVILLÉES, dont les mouvements éprouvent une gêne permanente.

Les causes de ces défauts sont presque toujours les rhumatismes, ou l'usure et la fatigue des articulations, ou une souffrance des pieds (encastelure, maladie naviculaire).

Tares et maladies. — L'épaule peut être le siège de plaies et de cicatrices causées par le harnachement, de traces de feux, vésicatoires, sétons, etc. (preuve de l'*écart d'épaule*, boiterie grave sujette à récidive qui a pour siège l'articulation scapulo-humérale); amaigrissement causé par la paralysie ou une boiterie prononcée. — Traces de feu arabe sans importance.

Entre l'épaule et l'avant-bras, incliné en sens inverse de l'épaule : Base : l'humérus.

Longueur. — Doit être proportionnée à celle de l'épaule (un peu plus d'une demi-tête). Si le bras est *trop long*, le cheval rase le tapis ; s'il est *trop court*, les mouvements ont peu d'étendue et restent bornés, à moins que la longueur de l'épaule et de l'avant-bras ne compensent cette brièveté.

De l'inclinaison du bras dépend l'étendue du mouvement d'extension : Inclinaison moyenne de 60° favorable à la vitesse : *trop oblique* par rapport à l'épaule, les mouvements sont plus puissants qu'étendus (chevaux de trait) : *trop droit*, il ne permet pas de profiter des qualités d'une épaule longue et oblique.

Direction par rapport au plan médian du corps. — Doit être parallèle pour ne pas nuire aux aplombs.

DE L'ÉPAULE (suite).

DU BRAS.

DU BRAS (suite) . . . { Musculature, appréciable à la saillie des muscles extenseurs de l'avant-bras qui remplissent l'angle scapulo-huméral et à celle des fléchisseurs en avant de l'humérus.

Le bras peut être le siège de plaies, de contusions (coups de pied et autres accidents).

Trentième Question

DE L'AVANT-BRAS . . { Entre le bras et le genou (angle huméro-radial ou cubital). — Base : radius et cubitus et les extenseurs et fléchisseurs du pied, sauf à la partie interne : aponévrose anti-brachiale.

Beautés. — Doit être *long* (longueur des muscles et amplitude des mouvements : canon court, le cheval marche près de terre), *fort* (en forme de tronc de cône renversé : volume des os, densité des muscles), *bien dirigé verticalement* (bons aplombs, répartition judicieuse de la masse dans la station et dans la progression).

Défectuosités. — Avant-bras *court* : développement restreint du rayon ; le cheval *trousse, trotte du genou, frappe le pavé*. — *Avant-bras grêle, cylindrique :* faiblesse des fibres musculaires, néanmoins leur longueur peut en compenser le faible volume. — *Avant-bras oblique en arrière* (cheval sous lui) ; *oblique en avant* (cheval campé). — Siège de fréquents coups de pied (félure ou fracture du radius), hémorrhagie radiale ; complications des blessures à cause de l'aponévrose antibrachiale. Cordons farcineux.

DE LA CHATAIGNE. — Production cornée au tiers inférieur de la face interne de l'avant-bras ; utilité inconnue (chevaux fins : excision).

DU COUDE . . . . . { Extrémité supérieure proéminente de l'avant-bras. Base : olécrane et insertion des muscles extenseurs de l'avant-bras à qui il sert de bras de levier.

Beautés. — Doit être *long*, c'est-à-dire proéminent ; *bien dirigé* (parallèle au plan médian du corps ; coudes bien écartés, bien ouverts) ; *net*.

Défectuosités. — *Coudes au corps*, comme accolés au thorax (chevaux étroit de poitrine).

Coude dirigé *en dedans ou en dehors* : cheval panard ou cheval cagneux.

Tares et maladies. — Excoriations (sangle) : *éponge*, tumeur kystique ou phlegmoneuse causée par l'éponge interne du fer de devant des chevaux qui se couchent en vache (fer à éponge tronquée, bourrelet protecteur). — Fracture du coude ou détachement épiphysaire du sommet de l'olécrane chez les jeunes chevaux (boiterie persistante : arthrite huméro-radiale, conséquence de coups de pied au coude).

DU GENOU OU DU CARPE. — Correspond au poignet de l'homme ; articulation qui joint l'avant-bras au canon. Base : os du carpe, soutenus :

En avant : par un ligament membraneux mince, maintenant les synoviales articulaires et sur lequel passent les tendons des extenseurs du métacarpe et des phalanges ;

En arrière : par un ligament épais se transformant en *gaine carpienne* dans laquelle passent les tendons des fléchisseurs des phalanges : de ce ligament émerge la *bride carpienne*.

De chaque côté : par un fort ligament funiculaire.
Face plane antérieure : face postérieure étroite (pli du genou) : bords interne et externe.

Beautés. — Doit être *sec* (reliefs osseux, ligamenteux et tendineux bien accusés), *épais*, *large*, *long* ; *bien descendu*, *dirigé verticalement* (aplombs) et *net*.

Défectuosités . . .
- Genou empaté. — Organisation commune.
- Genou mince et étroit. — Faiblesse de marche (chevaux qui bronchent).
- Genou de veau. — Exagération du précédent et empâtement.
- Genou trop haut, trop bas. — On a rarement à se plaindre d'un genou trop bas.
- Bassicourt (naturel) ou arqué (fatigue et usure). — Dévié en avant.
- Genou mal dirigé :
  - Effacé, creux, renvoyé, de mouton : dévié en arrière ; à éviter pour les chevaux de selle (tiraillement de la bride carpienne, chevaux maladroits).
  - Cambré, dévié en dehors : cheval cagneux.
  - De bœuf, dévié en dedans : cheval panard.

Tares. — Genoux couronnés. — Blessure de la face antérieure du genou résultant le plus souvent de chutes ; exceptionnellement de contusion (le cheval peut être couronné par manque de solidité et maladresse ou par accident) : les traces qui restent de l'accident déprécient considérablement le cheval. La blessure peut être légère (poils enlevés), superficielle (épiderme attaqué), ou plus ou moins profonde (destruction des tissus sous-jacents : complication grave d'arthrite traumatique en cas d'ouverture des gaines synoviales, de l'articulation, etc.). Les poils repoussent plus clairs ou hérissés et parfois ne repoussent pas (fraudes des maquignons).

Lorsque la plaie est légère, douches, liqueur de Villate, teinture d'aloès et application de poudre de charbon : en cas de plaie profonde, irrigation continue ou pansements antiseptiques maintenus à l'aide de bandes et de genouillères.

En cas de tumeurs indurées et de cicatrices étendues restant après la guérison, on a tenté avec succès l'**autoplastie du genou**, opération chirurgicale qui consiste dans l'excision des tissus indurés et la suture de la peau après en avoir régularisé les bords (bandages plâtrés pour immobiliser le genou.

TUMEURS ŒDÉMATEUSES, provenant de coups.

HYGROMAS. — Tumeur fluctuante disgracieuse et assez tenace. Compression simple ou bien vésicatoire, ponctions suivies d'injections iodées ou encore feu en pointes.

MALANDRES. — Crevasses du pli du genou (malpropreté).

VESSIGONS . . . .
- Tumeurs molles dues à une accumulation de synovie dans les capsules ou les gaines synoviales.
- Tendineux, au-dessus et en dehors, sur le trajet des extenseurs ; peu grave.
- Carpien, tendineux, en arrière sur le trajet des fléchisseurs ; grave, le plus souvent conséquence d'usure, ou rhumatismal ; fait boiter.

VESSIGONS (suite) . {

Articulaire, en avant ou au-dessus du genou (entre les deux rangées d'os carpiens ou au-dessus) : signe d'usure, fait boiter, susceptible de s'indurer.

Frictions résolutives ou vésicantes appliquées soit seules, soit pour le vessigon tendineux avec des ponctions capillaires et avec le feu en pointes ou en raies.

EXOSTOSES OU OSSELETS, sur les os carpiens et surtout en dessous autour de l'articulation carpo-métacarpienne (genou cerclé); — teinture d'iode : frictions vésicantes, une ou quelques pointes de feu en cas de boiterie.

Trente-et-unième Question

DU CANON. — Le canon s'étend du genou ou du jarret au boulet. Supporte les métacarpiens ou métatarsiens rudimentaires (péronés). Ossification avec l'âge. Flanqué en arrière des tendons fléchisseurs et du suspenseur du boulet. Son rôle est passif : concourt au support, à l'amortissement, ou à la transmission du mouvement.

Beautés. — Il doit être *vertical*, *court* (genoux et jarrets descendus), *amplement développé, sec, compact, net.*

Défectuosités . . {

Canon long. — Fait trousser le cheval devant; allonge le levier derrière et fatigue le jarret.

Canon grêle. — Manque de force pour supporter les commotions (chevaux montés sur des allumettes).

Canon rond empâté. — Indice d'organisation commune (généralement les tendons sont mous).

Tares et maladies . {

Ordinairement des tumeurs osseuses appelées **suros**. Se développent sur la face antérieure de l'os (provoqués par des contusions peu graves), ou sur le trajet du ligament qui unit les métacarpiens au canon, résultent de tiraillements; plus graves parce que la cause est persistante.

Les suros peuvent être *simples, chevillés en chapelet, en fusée*. Ils font boiter au commencement (inflammation périostique). Cette boiterie peut continuer si, par sa place ou sa dimension, le suros intéresse le jeu des tendons. Ils se résorbent avec l'âge. Se traitent avec la teinture d'iode, les frictions mercurielles, le feu.

Kystes et tumeurs sanguines : résultant de coups; très sensibles. Situés à la face interne.

Hygromas : épanchements traumatiques sous la peau.

Soréshins : tuméfactions allongées en olive aplatie, sur le trajet des tendons *extenseurs* : chez les poulains à l'entraînement, disparaissent généralement avec l'âge.

Indurations de la peau (fibromes éléphantiasiques) : surtout aux membres postérieurs.

Eaux aux jambes : végétations bourgeonneuses qui produisent un suintement fétide : se remarquent chez les tempéraments lymphatiques.

Cicatrices : résultant du feu ou des vésicatoires.

DES TENDONS. — Les tendons s'étendent depuis le genou ou le jarret jusqu'à la couronne. Ils comprennent d'avant en arrière :

1° **Suspenseur du boulet** : lanière *fibro-élastique*, logée derrière le canon dans la gouttière formée par les métacarpiens ou métatarsiens rudimentaires. Va du sommet du canon et des os carpiens ou tarsiens aux grands sésamoïdes où il s'insère par deux branches qui renvoient elles-mêmes un prolongement à l'extenseur antérieur (*petit tendon* : fourche).

2° **Perforant** (tendon du fléchisseur profond des phalanges) : avec sa bride carpienne ou tarsienne.

3° **Perforé** (tendon du fléchisseur superficiel des phalanges) : avec sa bride radiale ou ses brides calcanéennes.

Le perforant et le perforé (*gros tendon*) traversent la gaine carpienne derrière le genou à la faveur d'une synoviale. Ils s'infléchissent sur la poulie sésamoïdienne où ils sont maintenus par la gaine métacarpo-phalangienne lubréfiée comme la précédente par une synoviale, la gaine grande sésamoïdienne.

Puis le perforé se termine à la deuxième phalange par deux branches.

Le perforant continue entre ces deux branches et va s'épanouir sur la crête semi-lunaire de l'os du pied où il est contenu par la gaine de renforcement appelée *fuss-platt*.

DIFFÉRENCES DU CANON ET DES TENDONS DE DERRIÈRE ET DE DEVANT. — Dans les membres postérieurs, le perforé coiffe le calcanéum où il est maintenu par les brides calcanéennes (correspondant à la bride radiale). Le perforant seul traverse la gaine tarsienne.

Les canons postérieurs sont toujours plus courts que les antérieurs et sont quelquefois bombés en avant (signe de force) chez les chevaux de sang.

MÉCANISME DU FONCTIONNEMENT DES TENDONS. — Au moment du poser, canon, paturon et sabot sont sur une même ligne droite. Dès que l'appui commence, l'angle du boulet se ferme et le suspenseur reçoit le premier choc du poids du corps contre le sol. Légèrement élastique, il s'étire et partage bientôt sa tâche avec les deux tendons proportionnellement à la pesée supportée. Ceux-ci céderaient de suite et glisseraient sur la poulie sésamoïdienne si deux agents ne limitaient leur jeu : ce sont d'abord les deux muscles dont ces tendons dépendent qui se contractent et leur servent de point d'appui ; ce sont enfin les brides carpienne et radiale (calcanéene et tarsienne) qui à défaut des muscles, en les complétant, empêchent définitivement le boulet de poser à terre. Le suspenseur n'a donc qu'un seul rôle : contribuer au soutien du poids du corps. — Le rôle des tendons est double : rôle actif dans l'appui et dans l'enlever du membre grâce aux muscles qui les actionnent ; rôle passif lorsque les muscles n'étant pas contractés (au repos, pendant l'intermittence obligée des contractions musculaires, ou au delà de leur puissance), ils ne sont que des cordes abandonnées à elles-mêmes et soutenues par leurs brides. Influence du terrain dur et du train sur la conservation et la ruine des tendons.

BEAUTÉS ET DÉFECTUOSITÉS. — Aspect des tendons sains : Les tendons doivent être *développés, secs, nets, bien détachés* (fouillés), *fermes, tomber verticalement*.

Ils ne doivent être ni *grêles* (cordes à violon), ni *empâtés*, ni *faillis* (tendons accolés au canon sous le genou et ne se détachant que progressivement).

Pour les bien juger, les regarder :

de face ou par derrière . . . . . {	Ils doivent être parfaitement rectilignes, sans bosselures, dépassés par les bords correspondants du canon.
de côté . . . . . {	Ils doivent être absolument rectilignes, grosse corde des tendons bordée en avant par une gouttière qui devient double dans partie inférieure.

En suivant les tendons entre le pouce et l'index on sent leurs différentes parties parfaitement détachées. Au lever, les cordes sont absolument souples. Le suspenseur est souple et plie sous le pincement des doigts.

Tares et maladies

Caractères distinctifs des différents claquages. — Le *claquage* ou *effort* de tel ou tel tendon suivant l'organe spécialement atteint (suspenseur du boulet, perforant, perforé, bride carpienne, tarsienne, gaine métacarpo-phalangienne) est la lésion la plus fréquente des tendons (autrefois *nerf-férure*; scientifiquement *tenosite* ou *tendinite*).

EFFORT DE SUSPENSEUR. — Le moins grave : porte sur la région moyenne ou sur les branches terminales (frottement contre un suros; pied posant de travers); empâtement de la région entre les canons et le tendon.

EFFORT DU PERFORANT. — Dans toute sa longueur, intéresse presque toujours le perforé en même temps et la bride carpienne : grave; le long du paturon intéresse en même temps le fuss-platt.

EFFORT DU PERFORÉ. — Dans toute sa longueur (*ventre de truie*) ou à un point de la partie moyenne (forme d'olive).

EFFORT DE LA BRIDE MÉTACARPO-PHALANGIENNE (MÉTATARSO-PHALANGIENNE). — Gonflement noueux de la partie inférieure (tendon *pris dans sa bague*) : peu grave si l'inflammation ne s'étend pas aux tendons.

EFFORT DE LA BRIDE CARPIENNE. — Épaississement au-dessous du genou souvent accompagné de redressement du boulet.

Un effort est d'autant plus grave qu'il est moins nettement circonscrit.

On remarque aussi sur les tendons des *varices*, des *mollettes tendineuses*, des cicatrices provenant d'atteintes et enfin des traces de feu ou de vésicatoires.

Exploration des tendons malades. — Au poser et au lever, comparer les tendons d'un membre à l'autre et chercher les différences : suivre chaque tendon entre le pouce et l'index en recherchant la sensibilité, la chaleur ou l'épaississement.

Les efforts se produisent d'emblée (cheval *broken-down*) ou progressivement (le cheval *chauffe* d'abord puis *claque* ou *part*).

Blanchir un tendon sans le guérir.

TÉNOTOMIES

Ténotomie plantaire — Simple en cas de sectionnement du perforant, double en cas de sectionnement des deux tendons. — Remédie à la rétraction tendineuse et à la bouleture. Méthode sous-cutanée. — Pansement contentif. — Utile pour chevaux de trait.

Ténotomie cunéenne — Section de la branche cunéenne du fléchisseur du métatarse à la face interne du jarret au niveau de l'éparvin. — Remédie à la boiterie due à l'éparvin calleux. — Incision. — Laisser la plaie sans suture. — Pointes de feu et vésicatoire.

Ténotomie métatarsienne — Section de l'extenseur latéral des phalanges au membre postérieur pour remédier à l'éparvin sec. Se pratique au-dessous du jarret sur le côté externe et un peu en avant. Empêche assez souvent d'éparviner et est toujours sans inconvénient.

Trente-deuxième Question

DU BOULET . . . .

Entre le canon et le paturon. Base : l'articulation métacarpo (tarso)-pha-
langienne. Contours parfaitement réguliers. Peu saillant en avant ; relief accentué latéralement. Se termine en arrière par l'ergot et le
fanon.

Dimensions. — *Large* (avant à arrière), *épais* (d'un côté à l'autre) autant
que possible.

BOULET ÉTROIT. — Articulation manquant de force (cheval *manquant de
poignet, péchant par ses attaches*). Ce défaut peut être atténué par la
trempe.

Direction. — Le canon étant vertical, le paturon doit être incliné environ à 55° sur le sol. De plus, l'axe vertical du boulet doit être dans le
prolongement de celui du membre.

BOULET DROIT. — L'angle du boulet est plus ouvert. Le cheval est *droit ou
piqué sur ses boulets*. En ce cas les paturons sont courts. Si le défaut
s'exagère, le cheval est *bouleté*.

BOULET FERMÉ, BAS. — Correspondant à des paturons longs. L'angle du
boulet est plus fermé (surcharge pour les tendons).

Netteté. — Absence de toute tare ; peau et poils fins chez les chevaux de
pur sang ; tissu conjonctif rare. Téguments épais, grossiers chez les
chevaux communs.

Tares et maladies .

Le boulet porte souvent des *atteintes* (cheval qui se coupe) : résultat
d'un défaut d'aplombs, d'une mauvaise ferrure, de faiblesse (fers tronqués, guêtres, protecteurs Lacombe, etc.). Ces atteintes peuvent provo-
quer des *kystes*, tumeurs douloureuses, fluctuantes, pleines de sérosité,
susceptibles de s'abcéder.

BOULET COCHONNÉ. — Résultat de chutes, de heurts. Sans gravité (chevaux qui dorment debout).

HYGROMA. — Bourse muqueuse sous-cutanée sur la face antérieure. Compression et douches, ponction, frictions résolutives.

MOLLETTES. —1° *Antérieures*. — Tumeur molle bilobée, le long du tendon
extenseur, au-dessus de la place de l'hygroma (due à l'hydropisie de la synoviale, de l'extenseur). Rare, peu grave.

2° *Tendineuses*. — Entre le suspenseur et les tendons. Souvent cul-de-sac dans le pli du paturon et cul-de-sac qui
cercle les tendons fléchisseurs au-dessus du boulet (hydropisie de la gaine grande sésamoïdienne).

3° *Articulaires*. — Entre le suspenseur et le canon, globu-
leuses ; les plus graves (hydropisie de la synoviale articulaire).

Presque toujours les mollettes sont *chevillées*. Elles *s'indurent* à la longue et gênent les tendons : douches, bains, flanelles ou bandes de toile avec astringents, vésicatoires, feu.

Ne pas s'en exagérer l'importance. Presque tous les chevaux en travail ont des molettes.

BOULET CERCLÉ. — Entouré d'exostoses appelées *usselets*.

BOULETURE. — *Le cheval bouleté* a le boulet redressé et même dévié, saillant en avant par suite de fatigue, de mollettes articulaires, d'exostoses, de rétraction des tendons, d'usure,... Trois degrés de la bouleture : 1er degré, droit sur ses boulets ; 2e degré, projection commençant en avant ; 3e degré, renversement complet en avant.

EFFORT DE BOULET. — Entorse de l'articulation : distension des ligaments par suite d'effort : très fréquent chez les chevaux de course. Le boulet est très chaud ; le cheval boite bas. — Douches, vésicatoire, feu. — Très grave.

Le boulet est encore le siège de traces plus ou moins apparentes de vésicatoires, de feu, de névrotomie, d'excroissances verruqueuses (eaux aux jambes), d'indurations lymphatiques cutanées ou sous-cutanées (fibromes éléphantiasiques).

BOULET ROND. — Commencement de fatigue, empâtement sans rien de net.

Tares et maladies (suite) . . . . .

NÉVROTOMIE. — Section d'un nerf : la névrotomie plantaire est la plus usitée : *haute* ou *basse* suivant qu'elle est pratiquée au-dessus ou au-dessous du boulet ; *simple* ou *double* suivant qu'elle est pratiquée d'un seul ou de deux côtés (cicatrices linéaires).

La *névrotomie haute* annule la conductibilité nerveuse dans toutes les parties situées au-dessous du boulet : toutes les fois que les lésions sont diffuses et qu'on n'en peut préciser le siège : (un peu au-dessus du boulet, en avant du bord du perforant).

La *névrotomie basse* se pratique sur l'une des deux branches antérieure ou postérieure du nerf plantaire : *Névrotomie basse antérieure* : pour les formes coronaires ou phalangiennes. — *Névrotomie basse postérieure*, la plus commune, en cas de maladie naviculaire, d'encastelure, de fourbure, etc.

Le nerf coupé se régénère et souvent la boiterie reparaît : on obtient l'insensibilisation complète par la *névrotomie haute et double*, mais le cheval ainsi opéré n'est plus susceptible que d'un service de courte durée, dix-huit mois ou deux ans au plus, puis on constate fréquemment la gangrène du pied, le ramollissement des tendons, ou l'affaissement irrémédiable du boulet.

Destinés à éviter aux chevaux les coupures, atteintes et coups occasionnés par de mauvais aplombs, de violents efforts ou des allures exagérées.

POUR LES TENDONS : les guêtres (cuir et caoutchouc) lacées, bouclées ou cousues ; les bandages en tricot, flanelle ou toile.

APPAREILS PROTECTEURS DU BOULET ET DU PIED.

POUR LES BOULETS. — Les guêtres de boulet (cuir ou caoutchouc) bouclées ou lacées ; les guêtres à la marchande (très pratiques) ; les bracelets unis, à pointes ou à boules en caoutchouc.

POUR LE PATURON ET LE PIED. — Les bottines à talon ; le bourrelet de cuir ou de caoutchouc pour chevaux qui se couchent en vache ; le bourrelet à rondelles pour les chevaux qui se croisent ; le protecteur Lacombe sous le fer.

DU RAYON OU LEVIER PHALANGIEN. — Constitué par le paturon, la couronne et l'articulation qui les réunit. L'articulation est si peu mobile qu'on peut les considérer comme un seul rayon. La face postérieure s'appelle le *pli du paturon*.

Le levier doit être :

Volumineux (large et épais).

De moyenne longueur et de bonne direction. — Trop long et trop incliné fatigue les muscles, les tendons et le suspenseur (*long et bas-jointé*), il Trop court et trop étroit, fatigue les rayons osseux (*court et droit-jointé*).

Sec et net.

Tares et maladies.

EFFORT DU FUSS-PLATT OU DE LA GAINE DE RENFORCEMENT DU PERFORANT. — Grave ; feu.

PRISES DE LONGE OU DE CHAINE. — Douches ou pansements ouatés aseptiques.

CREVASSES : longues à guérir. — Cataplasme de miel et son, topique laudanisé, glycériné et saturné ; vaseline iodoformée, suif fondu, glycérine iodée, etc.

EAUX AUX JAMBES. — Engorgement des extrémités avec écoulement fétide, fics sur la peau, croûtes, etc. Très grave, mais rare. Traitement interne et externe.

JAVARTS — Ilots de peau mortifiés (bourbillons) et éliminés, laissant plaie avec ou sans fistule (javarts cutanés, cartilagineux, encornés, tendineux). Pansements antiseptiques, cautérisation, etc.

CRAPAUDINE. — Aspect corné et fendillé de la peau à la couronne (bourrelet) et de la corne de paroi (mal d'âne). — Amincir, badigeonner avec teinture d'iode.

FORMES . . . .

Phalangiennes : en avant ou sur le côté, près de l'articulation du boulet ou de la première articulation phalangienne, sur l'os du paturon.

Coronaires, sur la couronne ; d'autant plus graves qu'elles sont plus près de l'articulation.

Cartilagineuses, ossification des cartilages complémentaires (encastelure du sabot).

Les formes sont souvent héréditaires. — Se traitent par la névrotomie, les vésicatoires, le feu, des rainures sur le sabot lorsqu'il y a encastelure.

DIFFÉRENTES MANIÈRES DE METTRE LE FEU . . . .

Le feu se met de deux manières principales : *en raies* ou *en pointes*.

EN RAIES, au moyen de cautères rougis. Il détermine dans l'épaisseur de la peau une inflammation dérivative, puis par l'épaisseur de la peau et des tissus constitue un bandage contentif dont l'effet diminue à mesure de la guérison. Souvent suivi immédiatement d'application vésicante (tendons). S'applique surtout lorqu'il n'y a pas de synovites ; quoique mis superficiellement, a une activité profonde par continuité contiguté de tissus.

EN POINTES, au moyen d'aiguilles (thermo-cautère de Place ; — zoo-cautère). L'effet est le même qu'en raies mais il agit plus profondément. Se met souvent au jarret, sur les mollettes, vessigons, suros (une seule pointe). Peut se combiner avec les raies, pour les tendons par exemple.

Le feu ne demande pas moins de 3 à 4 mois pour produire ses effets.

Trente-troisième Question

APLOMBS. — Direction des membres sous le tronc : les examiner ensemble et séparément, de pied ferme et en marche.

Aplombs bons ou réguliers. — Quand les membres tombent verticalement et se meuvent parallèlement au corps ; dans le cas contraire, ils sont *mauvais, vicieux, irréguliers ou défectueux.*

Lignes d'aplomb fixées par Bourgelat ; verticales qui permettent de juger de la régularité des aplombs.

APLOMBS DES MEMBRES ANTÉRIEURS VUS DE PROFIL . .

1° **La verticale abaissée de la pointe de l'épaule doit tomber sur le sol à 0^m,10 en avant de la pince.** — Si elle tombe PLUS EN AVANT cheval *sous lui du devant* : membres antérieurs surchargés, base de sustentation raccourcie, usure des membres antérieurs, le cheval rase le tapis, est exposer à butter, à forger. — Inconvénients plus graves pour le cheval de selle que pour le cheval de trait.

Si elle tombe PLUS PRÈS ou SUR le sabot, cheval *campé du devant* : position prise souvent momentanément par contrainte ou par suite d'usure, de fatigue ou de maladie du pied (rare chez les poulains). — Arrière-main surchargée se tare rapidement, tiraillement des articulations antérieurs, allures ralenties.

2° **La verticale abaissée du tiers postérieur de la partie supérieure et externe de l'avant-bras doit partager le genou, le canon et le boulet en deux parties à peu près égales et tomber un peu en arrière des talons.**

SI LE GENOU FAIT SAILLIE, cheval *arqué ou brassicourt* (quest. 30).

SI LE GENOU EST REPORTÉ EN ARRIÈRE, genou *effacé, renvoyé, creux, de mouton* (quest. 30).

Si la ligne d'aplombs tombe trop près ou trop loin des talons, le cheval est *court ou droit-jointé* ou *même bouleté,* ou bien il est *long ou bas-jointé* (quest. 30).

APLOMBS DES MEMBRES ANTÉRIEURS VUS DE FACE . . .

La verticale abaissée de la pointe de chaque épaule partage tout le membre en deux parties égales : (entre les deux pieds à l'appui l'intervalle doit être égale à la largeur du sabot).

Les *membres* sont . . . .

EN DEHORS DE LA VERTICALE. — Cheval *trop ouvert du devant* : fort, solide, poitrine large ; allures peu rapides.

EN DEDANS DE LA VERTICALE. — Cheval *serré du devant* : poitrine peu ample, disposition aux atteintes.

Le *genou* décrit une courbe. .

EN DEHORS DE LA VERTICALE. — Genou *cambré (cheval bancal)* : tiraillements, ruine prématurée de l'articulation.

EN DEDANS DE LA VERTICALE. — Genou *de bœuf* : atteintes fréquentes ; mêmes tiraillements que ci-dessus.

<table>
<tr><td>APLOMBS DES MEM-
BRES ANTÉRIEURS
VUS DE FACE (suite).</td><td>Les pieds sont :</td><td>Divergents par la pince : cheval panard (de tout le membre, à partir du genou, du pied) ; coudes au corps, étroit de poitrine, serré du devant ; (membres en pied de banc) : surcharge du quartier interne du sabot.

Convergents par la pince : cheval cagneux (de tout le membre, à partir du genou, du pied) ; coudes écartés, poitrail large ; surcharge du quartier externe du sabot ; lourds et maladroits.</td></tr>
</table>

APLOMBS EN MARCHE. — Les aplombs en marche sont généralement les mêmes que de pied ferme, mais ils peuvent changer de caractère et s'exagérer ; ils ont de graves inconvénients (butter, s'atteindre) et enfin donnent lieu à quelques-unes des allures dites défectueuses (voir quest. 42), comme par exemple *billarder* (chevaux panards) ou *faucher* (chevaux cagneux).

Trente-quatrième Question

DE LA CUISSE ET DE LA FESSE. — La cuisse est le premier rayon du membre postérieur. Base : fémur et les puissants muscles qui l'entourent. Oblique en sens inverse du bras auquel elle correspond. Deux faces : externe (très musclée) et interne (plat de la cuisse). Deux bords : antérieur et postérieur ou *fesse* (pointe de la fesse). *Raie de misère*, sillon entre les muscles de la fesse (chevaux amaigris ou chevaux en condition).

Longueur. — De l'articulation coxo-fémorale à la corde du jarret ; une cuisse *longue, bien descendue* est une beauté absolue. *Cuisse courte, fesse coupée*.

Largeur. — Du creux du flanc au bord postérieur de la fesse ; dépend de la direction du fémur, du développement de la fesse. La grande largeur est une beauté absolue.

Épaisseur. — Indice de développement musculaire et par suite de puissance de l'arrière-main : cheval *bien culotté, bien gigoté, cuisse bien fournie* par opposition à *fesse tranchante*, cuisse *plate, maigre* ou de *grenouille*. Chez les chevaux entiers, l'avant-main et chez les juments, l'arrière-main est plus musclée.

Direction. — Inclinaison de 80° environ chez les chevaux bien conformés, ce qui correspond à l'angle coxo-fémoral de 145° à 150°. Cuisse *trop droite* : mouvement d'extension borné (cheval campé du derrière). Cuisse *trop oblique* : flexion, par suite enjambée restreinte (cheval sous lui du derrière). — La cuisse doit être aussi un peu oblique par rapport au plan médian du corps (chevaux *panards, crochus, clos du derrière*).

Tares. — Plaies, excoriations (embarrures) ; traces de feu ou de sétons aux fesses pour boiterie persistante, maladie grave, etc. ; tumeurs sanguines ou épanchements traumatiques séreux aux fesses (ponctions) ; à la face interne, thrombus, suite de saignée à la veine *saphène* ; cordes farcineuses ou indices de lymphangite simple. Marques particulières de haras ou autres faites au feu.

DU GRASSET. — Au point de jonction de la jambe et de la cuisse (articulation fémoro-rotulienne). Présente une saillie molle correspondant à l'insertion des muscles rotuliens (pli du grasset), un relief constitué par la rotule et une dépression correspondant aux ligaments qui relient la rotule au tibia.

Doit être *net, bien développé, un peu plus haut que le coude, bien détaché du flanc* et être *projeté en dehors pendant la marche* (chevaux trotteurs).

Vessigon rotulien : dans la dépression correspondant aux ligaments rotuliens; fait boiter ; est plutôt grave.

Luxation de la rotule ou plutôt **arrêt rotulien** : la rotule reste accrochée au-dessus de la trochlée fémorale par suite de faux mouvement, crampe, etc. : fréquent chez les poulains (poulinaille) : faire reculer lentement le cheval placé.

Tares. — |Blessures, plaies, excoriations embarrures, cicatrisation longue et difficile dans le pli du grasset. Traces de vésicatoire ou feu sur vessigon rotulien.

DE LA JAMBE. — Correspond à l'avant-bras. Base : tibia et péroné. Deux mouvements : flexion et extension.

Doit être *longue* (longueur et puissance des muscles, amplitude des mouvements, jarret près de terre), *large* et *épaisse* (cheval bien gigotté, bien molleté, ou, au contraire, jambe plate, grêle), *bien dirigée* (de la direction de la jambe dépend l'ouverture des angles fémoro-tibial, 145° à 150°, et tibio-tarsien ou du jarret, 155 à 160°; la jambe doit être plutôt *droite* que *trop oblique*).

Tares. — Traces d'embarrures et de coups de pied que l'aponévrose jambière et de nombreuses insertions tendino-musculaires peuvent transformer en graves accidents : fêlures du tibia (les tumeurs osseuses qui en résultent rendent l'os délicat), rupture du fléchisseur du métatarse (corde du jarret flottante; jarret pendant et vacillant comme s'il y avait fracture).

Trente-cinquième Question

DU JARRET. — Base : partie inférieure du tibia; os du tarse, partie supérieure de l'os du canon et des péronés ou métatarsiens rudimentaires.

Articulation très complexe et *très importante* entre la jambe et le canon; cheville ouvrière de tout mouvement; charnière parfaite qui permet la flexion et l'extension du membre; ressort pour transmettre l'impulsion et atténuer les réactions.

Organisation	Os	Le *tibia* s'articule avec l'*astragale* (centre des mouvements les plus étendus : le *calcaneum* est un bras de levier sur lequel agissent les jumeaux de la jambe et le perforé): les *os plats* et le canon servent d'agents d'amortissement.
	Ligaments	Très nombreux, ils assurent l'union des os du jarret : en dedans, *tibio-tarsien interne* et *astragalo-métatarsien* (éparvin); en dehors, *tibio-tarsien externe* et *calcanéo-métartasien* (jarde); *ligaments membraniformes antérieur et extérieur* (vessigon articulaire avec culs-de-sac dans le creux et dans le pli du jarret.

Organisation (suite). — TENDONS .

En avant et en dehors, tendons de l'extenseur antérieur et de l'extenseur latéral (vessigon métatarsien).

En avant et en dedans, corde du fléchisseur du métatarse (branche cunéenne et vessigon cunéen).

En arrière, tendon d'Achille ou corde du jarret formé du bifémoro-calcanéen autour duquel s'enroule le perforé (coiffe le calcanéum).

Dans la coulisse ou gaine tarsienne, tendon perforant.

Aspect extérieur . .

PLI. — Partie antérieure (passage de la veine saphène).

POINTE. — Extrémité supérieure du calcanéum.

CORDE. — Tendons des muscles jumeaux (*tendon d'Achille* et *perforé*).

CREUX. — Cavité entre la corde, le calcanéum et le tibia.

BORD POSTÉRIEUR ou calcanéen.

FACE EXTERNE. —
FACE INTERNE. — Fouillées par les saillies osseuses et par les tares qui viennent en modifier le relief naturel.

Au-dessous la *châtaigne* qui manque quelquefois.
Pour l'*examen* du jarret, comparer les deux en les regardant de *profil*, par devant de face et de biais, par derrière de face et de biais.

Beautés et défectuosités. . . . . .

LARGEUR. — Mesurée non seulement du pli à la pointe, mais au-dessus et au-dessous : beauté absolue. — Le jarret peut être *étroit, grêle* ou seulement *étranglé* à sa base.

ÉPAISSEUR. — Entre les deux faces ; témoigne de la solidité des assises articulaires.

OUVERTURE. — L'angle tibio-tarsien le plus favorable à un beau jarret est de 155 à 160° ; plus ouvert, le jarret est *droit* (chevaux vites mais sujets aux vessigons) ; moins ouverts, le jarret est *fermé* ou *coudé* quand le canon est oblique en avant (nuit à la vitesse, disposition aux tares osseuses).

DIRECTION. — L'axe longitudinal des jarrets doit être parallèle au plan médian du corps : convergents par la pointe, jarrets *clos* (chevaux *jarretés*) ; divergents par la pointe, cheval *ouvert du derrière* (souvent jarrets *vacillants*) : jarrets déviés en dedans de l'axe de tout le membre, jambes en *pieds de banc* (cheval *panard*) : jarrets déviés en dehors, jarrets *cambrés* (cheval *cagneux*).

NETTETÉ. — Absence de toute tare ou trace de maladie.

SÉCHERESSE. — Jarrets *osseux, bien évidés*, indice de la densité des tissus ; bon sang ; bonne trempe ; races fines. — Jarrets *gros, pleins, empâtés* (races communes).

Tares . . . . . .

Molles :
(dont le siège est dans la peau, le tissu cellulaire ou les membranes synoviales.

Vessigon tendineux du creux du jarret (tarsien). — Hydarthrose de la grande gaine tarsienne : simple ou chevillé : assez fréquent et facilement guérissable.

Vessigon tendineux calcanéen (de la corde du jarret). — Affecte la synoviale qui assure le glissement du perforé sur le tendon des jumeaux et sur la pointe du jarret : ne pas le confondre avec le *capelet* ou la saillie du calcanéum.

TARES (suite) . . . .

MOLLES (suite)

Vessigon tendineux métatarsien. — Affecte le tendon de l'extenseur latéral des phalanges : au-dessous et en dehors du jarret.

Vessigon cunéen. — Affecte la synoviale de la branche cunéenne du fléchisseur du métatarse : un peu plus en avant que l'éparvin.

Vessigon articulaire. — Hydarthrose de la synoviale de l'articulation tibio-tarsienne (trois culs-de-sac) ; assez grave, guérison rare et difficile.

Les vessigons disparaissent assez facilement chez les jeunes chevaux ; se traitent par les douches, les vésicatoires, pommades mercurielles, le feu.

Capelet (passe-campane). — A la pointe du jarret, épaississement de la peau et du tissu conjonctif, ou formation d'une bourse muqueuse accidentelle (frottements, chocs); guérison complète assez rare.

Luxation de la calotte calcanéenne du perforé. — Très rare.

Solandres. — Crevasses du jarret ; cicatrisation difficile.

Kystes ou épanchements traumatiques : à la face externe (bat-flancs); désagréables à l'œil, mais peu graves (ponction ou feu).

Petite datre dans le creux du jarret.

DURES

Tumeurs de nature osseuse : périostoses, suites de coups ou tiraillements ligamentaux.

Courbe : à la tubérosité interne et inférieure du tibia. Très rare, ne fait ordinairement pas boiter. Insignifiante.

Éparvin calleux : à la partie inférieure de la face interne du jarret, soit sur la tête du canon ou du péroné interne (*métatarsien*), soit en même temps sur les os plats de la rangée inférieure, (*tarso métatarsien* ou *calleux* : beaucoup plus grave). La gravité de l'éparvin dépend de son siège et de sa forme; il y a des petits éparvins qui font boiter et de gros qui ne gênent pas le cheval. Examiner le jarret de face et de biais, par devant et par derrière ; éviter de voir des éparvins sur tous les chevaux. Ruse des maquignons qui provoquent un œdème momentané (piqûres d'épingle, coup de maillet) pour dissimuler un éparvin. Vésicatoire, feu. Ténotomie de la branche cunéenne du fléchisseur du métatarse.

Jarde et jardon : à la partie postérieure externe et inférieure du jarret. *Jardon*, localisé à la tête du péroné externe : *jarde*, dépasse la face postérieure du canon. Tares peu graves faisant rarement boiter si ce n'est au début ou quand le tendon est gêné. Ruse des maquignons qui masquent une jarde par la coupe des poils ou une plaie faite à dessein.

La courbe pardonne toujours, la jarde souvent, l'éparvin jamais (Lemichel).

Jarré cerclé : lorsque toute l'articulation est atteinte et entourée par des exostoses (chevaux usés).

Les nombreuses tares auxquelles sont sujets les jarrets font qu'ils présentent souvent des *cicatrices indélébiles*, signes des divers traitements, feu, vésicatoires, etc., qu'ils ont eu à subir.

On dit qu'un cheval est *bien jardonné*, qu'il a *de beaux éparvins* pour exprimer que ses jarrets sont beaux, forts, secs, bien évidés.

ÉPARVIN SEC. — Flexion saccadée, exagérée, comme convulsive du jarret (*harper*) ; causes encore indéterminées et probablement variables (sécheresse et rayures des surfaces articulaires ; ligament fémoro-rotulien accroché ; talons resserrés et cartilages pinçant le fléchisseur, etc.

La ténotomie tarsienne (section de l'extenseur latéral des phalanges) semble être contre l'éparvin sec le remède le plus efficace, en ce sens qu'elle diminue les forces musculaires qui contribuent à la flexion du jarret.

La ténotomie métatarsienne (section de la branche cunéenne du fléchisseur du métatarse au niveau supérieure de la châtaigne) est indiquée en cas de boiterie intense et tenace due à l'éparvin calleux. En même temps on applique le feu.

Trente-sixième Question

APLOMBS DES MEMBRES POSTÉRIEURS VUS DE PROFIL .

Une verticale abaissée de la pointe de la fesse doit être tangente à la pointe du jarret, rester parallèle à la ligne des tendons et tomber à 10 centimètres environ des talons.

Si le membre se trouve *en avant de cette ligne*, le cheval est *sous lui du derrière* ; surcharge des membres postérieurs, fatigue des articulations, manque de chasse, usure de l'arrière-main.

Si le membre se trouve *en arrière de cette ligne*, le cheval est *campé* : affaissement du rein, avant-main surchargée, manque de force, craint l'arrêt (chevaux qui emballent).

Si la ligne tombe *trop loin* ou *trop près des talons*, le cheval est *long et bas-jointé* ou *court et droit-jointé* (voir les membres antérieurs, quest. 33).

APLOMBS DES MEMBRES POSTÉRIEURS VUS PAR DERRIÈRE.

Une verticale abaissée de la pointe de la fesse doit partager également la partie inférieure du membre à compter de la pointe du jarret et laisser entre les sabots un intervalle à peu près égal à la largeur du boulet.

Si *tout le membre* se trouve *en dehors de cette ligne*, le cheval est *trop ouvert* du derrière : grande puissance d'impulsion (trotteurs) ; si les membres ne sont pas verticaux, fatigue de la partie interne, bercement.

Si le *jarret seul* est *en dehors*, le cheval est *bancal* (jarrets *cambrés*) et en même temps cagneux (voir quest. 35).

Si *tout le membre* se trouve *en dedans de la ligne*, le cheval est *serré du derrière* : défaut grave coïncidant généralement avec une faible musculature générale ; chevaux maladroits ; peu d'allures.

Si le *jarret seul* est *en dedans*, le cheval est *jarreté* ou *jarretier* (jarrets *clos* ou *crochus*) et en même temps panard (voir quest. 35).

Trente-septième Question

DES PROPORTIONS OU DE L'HARMONICITÉ. — *Proportions* : rapports de dimensions et de direction qui doivent exister entre les différentes régions du corps et entre elles et le corps tout entier.

Les *bonnes proportions*, c'est-à-dire celles compatibles avec une bonne machine, constituent l'*harmonicité : cheval décousu.*

1° Proportions :

1° Entre le balancier ou gouvernail (tète et encolure) et le corps . . . . — La tète et l'encolure qui doivent se convenir mutuellement et qui servent de balancier ou de gouvernail au corps doivent être d'autant plus développées que le corps est plus développé et inversement.

2° Entre le corps et les membres. . . . — Les membres doivent être proportionnés au poids qu'ils ont à supporter (*claquettes, cheval étriqué, manquant de corsage*).

3° Entre l'avant-main et l'arrière-main. — Si ces deux parties ne sont pas proportionnées l'une à l'autre, l'une ruine l'autre; lorsqu'un cheval est fort et brillant dans son avant-main, on peut chercher le point faible derrière et vice versa. — Mesure des Arabes pour juger des rapports de l'ensemble. Cheval court dans *son dessus*, long dans *son dessous.*

SYSTÈME DES PROPORTIONS DE BOURGELAT. — Bourgelat (1772-1779) a donné une théorie des proportions en prenant pour unité de mesure la longueur de la *tète* (de la nuque à la lèvre supérieure) qu'il divisa en trois *primes*, [chaque prime en trois *secondes*, chaque seconde en vingt-quatre *points*. Il a ainsi déterminé un *canon hippique* avec lequel il a fixé toutes les dimensions du cheval *harmonisé.* Cette théorie, qui a le tort de chercher à faire admettre un type *unique* pour tous les services, a été reprise ou discutée par Vial de Saint-Bel, Vallon, Richard du Cantal, le colonel Duhousset, Goubaux et Barrier, etc.

THÉORIE DES RAPPORTS ANGULAIRES DU GÉNÉRAL MORRIS. — Le général Morris (alors capitaine) proposa, en 1835, la *Théorie de la similitude des angles articulaires et du parallélisme des rayons osseux correspondants* : ces deux principes étaient pour lui la base et la condition de toute bonne conformation chez le cheval; tous les rayons inclinés faisant avec l'horizon des angles de 45° et avec les rayons contigus des angles articulaires de 90°. Cette théorie, en général combattue par les hippologues, a néanmoins trouvé des partisans. Le cheval construit sur ces données est de même modèle que le cheval type de Bourgelat. C'est le cheval oriental. — Les deux théories sont bonnes et se complètent à condition de ne pas les prendre dans le sens absolu.

DES RAPPORTS DE L'ENSEMBLE OU DU GROS AVEC LE SYSTÈME NERVEUX OU LE SANG. — Le *sang*, influx nerveux, âme de la machine animale, doit s'équilibrer avec la charpente, avec les rouages de cette machine pour constituer un tout complet, susceptible de la plus grande utilisation.

Si le sang l'emporte, la *lame use le fourreau,* le cheval est délicat, irritable, nerveux, plus courageux que fort, et compense ainsi parfois l'insuffisance de la charpente; si, au contraire, la machine est insuffisamment stimulée, le cheval ne rendra jamais que de piètres services (il *manque de sang,* c'est un *beau voleur,* un *cheval tableau*).

Indices du sang. — L'acuité des organes des sens, la vivacité du regard, la densité et la finesse des tissus osseux et musculaires, la facilité des mouvements, un ensemble affiné sont les caractéristiques du cheval qui a *du sang* ou, suivant les expressions généralement employées, de la *race*, de la *noblesse*, du *bouquet*, du *feu*, du *caractère*, du *cœur*. Ne pas accorder les qualités ci-dessus aux seules races qualifiées pures (avoir du sang ne veut pas dire exclusivement être du pur sang anglais ou arabe).

INFLUENCE DES PROPORTIONS HARMONIQUES SUR LA VALEUR PROBABLE DU CHEVAL ; DU FOND. — Le fond (voir quest. 19) est la qualité la plus sérieuse et la plus importante d'un cheval ; il permet un déploiement de forces, une somme de travail qui font d'un cheval un animal réellement utile. Le fond résulte de tous les facteurs de la constitution et se révèle par conséquent par la plus grande harmonicité possible dans l'ensemble et entre l'ensemble et le sang (bonne conformation, trempe, condition) : le fond se juge par l'état de la respiration, de la circulation, l'attitude du cheval après une dure épreuve et aussi par l'aisance avec laquelle il est capable de subir de nouvelles fatigues ; noter que le fond du cheval est en partie subordonné à la manière dont on le conduit.

DES COMPENSATIONS. — Tous les chevaux ne pouvant présenter les mêmes symptômes de valeur et de qualités, certaines conditions sont seules indispensables pour constituer un *bon cheval* (bonne poitrine, bon coffre, bonne musculature, bon pied, bon œil, etc.) : et dans le reste de la constitution, certaines défectuosités secondaires trouvent des compensations qui en atténuent ou en effacent la gravité : une encolure courte, bien musclée compense une tête forte ; une cuisse bien descendue, un peu droite compense une croupe courte, etc.) ; à l'homme de cheval de développer sur ces détails la sûreté de jugement et de coup d'œil qu'aucune règle, qu'aucun tableau ne saurait lui donner.

Trente-huitième Question

Positions que prend le cheval immobile, debout ou couché.

DES ATTITUDES

Station libre. — Cheval abandonné à lui-même ; un membre, le plus souvent postérieur, ne s'appuie pas. Les membres postérieurs, en raison de leur disposition angulaire, fatiguent plus en station que les antérieurs. Cheval juché sur *ses boulets*, qui *montre le chemin de Saint-Jacques*.

Station forcée

Les quatres membres appuyés sur le sol (trapèze) supportent leur part proportionnelle du poids du corps.

Placer. — Le cheval pose d'aplomb sur ses membres (tête et encolure soutenues).

Camper. — Les quatre membres sont écartés du centre de gravité, et en dehors de la ligne d'aplombs (carrossiers ; fatigue du rein).

Rassembler. — Les membres postérieurs sont engagés sous le corps.

DES ATTITUDES (suite) { **Coucher ou décubitus.** — Attitude du cheval se reposant et dont le corps est directement sur le sol (poulains, adultes). Décubitus sterno-costal, latéral, dorsal (rare). Cheval qui se couche en vache.

Du cabrer. — Mouvement du cheval s'enlevant debout sur ses membres postérieurs (défense, gaîté, acte du coït, mouvement du saut). Le cheval *pointe, pique une chandelle.* Fatigue des muscles de l'arrière-main, raideur des jarrets. — Martingale.

De la ruade. — Contraire du cabrer : enlever de l'arrière-main sur l'avant-main, accompagné ou non d'une projection en arrière des membres postérieurs.

Du bond. — Saut de mouton. Enlever brusque du corps par mouvements alternatifs ou simultanés du cabrer et de la ruade. — Gaieté ou défense.

DES MOUVEMENTS SUR PLACE . . . . . { Le dressage des sauteurs aux piliers est basé sur l'utilisation des mouvements sur place et comprend les airs suivants :

Pesade. — Le cheval lève légèrement l'avant-main en pliant les genoux.

Courbette. — Le cheval engage et fixe sous lui les deux pieds de derrière en pliant les jarrets et s'enlève du devant en pliant les genoux sans tendre l'encolure.

Croupade. — Le cheval s'enlève en retirant ses quatre membres sous lui sans montrer les fers.

Ballottade. — Même mouvement que le croupade en laissant voir les fers.

Cabriole ou capriole. — Le cheval saute vivement en levant le devant puis le derrière et en détachant avec force la ruade.

DU SAUT EN HAUTEUR ET EN LARGEUR. — Mouvement dans lequel le corps du cheval quitte le sol pour être projeté en avant et en haut : un cheval *saute de pied ferme* (temps d'arrêt) ou *dans son allure* (dans le train.) Le cheval saute par la combinaison de trois choses : 1° l'élan ; 2° la force musculaire ; 3° la répartition de son poids suivant les phases successives du saut.

1er Temps. — Le cheval se ramasse en engageant l'arrière-main sous lui ; extension, puis retrait de la tête et l'encolure pour faciliter l'enlever de l'avant-main.

2e Temps. — Enlever de l'avant-main, détente des membres postérieurs facilitée par l'allongement de l'encolure.

3e Temps. — Passage au-dessus de l'obstacle en étendant les membres antérieurs et retroussant les postérieurs.

4e Temps. — Arrivée à terre sur un pied antérieur puis sur l'autre ; les pieds postérieurs viennent ensuite à l'appui.

ROLE DE LA TÊTE ET DE L'ENCOLURE ; POSITION A LEUR LAISSER PRENDRE. — La tête et l'encolure justifient, dans ces divers mouvements et attitudes, le rôle de *balancier* qu'on leur a attribué et répartissent différemment le poids suivant les mouvements à exécuter : pour la ruade, le cheval décharge l'arrière-main en baissant la tête ; pour le cabrer, il la surchage en levant la tête ; pour le saut, le jeu de la tête et de l'encolure est d'autant plus prononcé que l'allure est plus lente et que le cheval saute moins par élan que par force musculaire : par suite nécessité pour s'opposer à la ruade ou au cabrer de modifier la position que le cheval donne à sa tête et pour le saut de ne pas le gêner pour permettre à l'encolure et à la tête les mouvements qu'elles feraient en liberté.

Trente-neuvième Question

DES ALLURES. — Modes divers suivants lesquelles s'opèrent la progression du cheval.

Elles se divisent en :

> **Naturelles ou instinctives.** — Exécutées spontanément (pas, trot, galop).
>
> **Acquises.** — Résultant de l'éducation (amble), de l'usure ou de la fatigue (allures dites défectueuses : aubin, traquenard, etc.).
>
> **Artificielles.** — Obtenues par le dressage équestre (piaffer, passage, airs de haute école).

D'après le jeu et les mouvements des membres, les allures sont : marchées, sautées, diagonales ou latérales, grandes ou petites, enlevées ou rasantes, relevées, répétées, dures ou douces, légères ou lourdes, aisées, brides, régulières ou irrégulières; réglées.

JEU DES MEMBRES

> **Appui et soutien.** — Phases par lesquelles passe chaque membre dans son déplacement, divisées chacune en trois périodes : commencement, milieu, fin de l'appui; — lever, milieu du soutien, poser.
>
> **Battue.** — Bruit produit par la percussion du pied sur le sol.
>
> **Temps.** — Durée qui sépare deux battues successives : allures à 2, 3 ou 4 temps.
>
> **Foulée.** — Espace couvert par un pas complet.
>
> **Empreinte.** — Trace laissée sur le sol.
>
> **Piste.** — Succession des empreintes indiquant le sens de la marche. Un cheval *se couvre* ou *se juge* (allure normale), *se découvre* ou *se déjuge* (allure raccourcie), *se mécouvre* ou *se méjuge* (allure allongée).

MODES D'ANALYSE DES ALLURES. — Raab le premier a analysé les allures en employant l'*observation directe* dont les résultats ont été ensuite justifiés par la photographie instantanée.

Marey a employé la *méthode graphique* (chaussure ou bracelet explorateurs communiquant avec un tambour enregistreur).

Puis résultats complets obtenus par la *méthode photographique* (Muybridge, Auschütz, Marey et Pagès).

Notation des allures. — Échelle de Vincent et Goiffon d'après le principe de la notation musicale.

Synthèse des allures. — Zootrope utilisé par le colonel Duhousset pour reconstituer les allures d'après les photographies de Muybridge.

DU PAS

> Allure lente, marchée dans laquelle les quatre membres associés par paires diagonales se lèvent et se posent isolément, en faisant entendre quatre battues à peu près également espacées.
>
> **Mécanisme.** — Partant du pied antérieur droit, les membres se lèvent successivement : AD, PG, AG, PD. Appui alternativement deux fois latéral et deux fois diagonal : bases intermédiaires tripédales.

<table>
<tr><td rowspan="4">DU PAS (suite) . . .</td><td>Variétés. — Nature du pas différente selon types de chevaux, modes d'utilisation, moyens de conduite, terrain, etc. Trois variétés classiques : ordinaire ou jugé, allongé ou méjugé, raccourci ou déjugé.</td></tr>
<tr><td>Longueur. — Varie suivant individus et allure.</td></tr>
<tr><td>Vitesse. — 1^m,50 à 2 mètres par seconde : selon le règlement, 100, 110 et 120 mètres à la minute selon les armes; peut être soutenue très longtemps et atteindre 8 kilomètres à l'heure.</td></tr>
<tr><td>« Le pas est le galop de longue durée » disent les Arabes.</td></tr>
</table>

MARCHE RÉTROGRADE OU RECULER. — Allure par laquelle le cheval se porte en arrière : mouvement exécuté lentement et péniblement (chevaux qui souffrent du rein; membres postérieurs tarés). Trot et galop en arrière très rare ; même mécanisme pour le pas rétrograde que pour le pas ordinaire, mais les empreintes antérieures ne recouvrent jamais les postérieures.

Monté et la *tête haute*, le cheval se braque et exécute péniblement le reculer; *attelé*, il s'arcboute sur son harnachement et exécute plus facilement.

Les chevaux atteints d'*immobilité* ne peuvent pas reculer.

Quarantième Question

DU TROT : MÉCANISME. — Allure sautée qui s'effectue en deux temps par bipèdes diagonaux. Les membres de chaque bipède diagonal se lèvent et se posent ensemble; chaque temps est séparé par une période de *suspension* pendant laquelle le corps est en l'air.

<table>
<tr><td rowspan="4">VARIÉTÉS . . . .</td><td>Petit trot (ou trot marché). — Le cheval se dépiste; période de suspension très réduite.</td></tr>
<tr><td>Trot ordinaire. — Le cheval se piste; période de suspension plus accentuée.</td></tr>
<tr><td>Grand trot. — Le cheval se mépiste ; période d'appui très courte.</td></tr>
<tr><td>Flying trot (trotteurs) — Le plus souvent *rompu* ou *désuni*; empreintes postérieures très en avant des antérieures (quelquefois 2 mètres) : le *grasset* des grands trotteurs en action est très saillant.</td></tr>
</table>

RÉACTIONS : DÉPLACEMENTS DU CENTRE DE GRAVITÉ. — Le centre de gravité éprouve des déplacements latéraux et transversaux très peu accentués; les oscillations en hauteur sont en raison directe de la vitesse de l'allure et de l'énergie de l'impulsion. — Les réactions de l'avant-main sont plus considérables que celles de l'arrière-main. Le cavalier projeté par la détente d'un bipède diagonal retombe en selle un peu après le poser du bipède opposé.

VITESSE DU TROT. — La longueur de chaque pas de trot varie beaucoup selon la taille, la dimension des rayons, l'ouverture des angles articulaires, etc. : 2^m,20 à 2^m,40 en moyenne pour un cheval de 1^m,60 ; de la longueur des foulées et de la promptitude de leur succession dépend la vitesse du trot.

Le trot réglementaire français est de 240 mètres à la minute (routes longues, chevaux chargés : très lent); il faut environ 17 minutes pour faire 4 kilomètres : un bon cheval de service doit faire ses 4 kilomètres en 10 minutes.

Les Allemands distinguent quatre variétés de trot : le *trot naturel* (250 pas de 0ᵐ,80 = 200 mètres), le *trot rassemblé* (180 à 200 pas = 145 à 160 mètres), le *trot moyen* (300 pas = 240 mètres), le *trot allongé* (400 pas = 320 mètres).

PARTICULARITÉS DU TROT. — Pour être beau, le trot doit être *régulier* (synchronisme des battues, uniformité des pas), *élégant* (légèreté et aisance des mouvements), *haut* (énergie de l'impulsion) et *vite* (longueur et répétition des pas).

Stepper. — Scander l'extension des membres antérieurs.

Avoir de la chasse. — Vigueur dans la détente de l'arrière-main.

Trotter du genou ou trousser. — Avant-bras court; l'animal trotte en hauteur.
Pour les irrégularités du trot, voir question 42.

Quarante-et-unième Question

DU GALOP. — Allure sautée à trois temps (quelquefois à quatre temps) : la plus rapide, par conséquent la plus fatigante.

Mécanisme. — Les battues simultanées d'un bipède diagonal s'opèrent entre les battues successives du bipède diagonal opposé, chaque pas de galop étant séparé par un intervalle appelé *projection* dans lequel le corps est en l'air. — Trois phases d'appui. Pour le galop à droite par exemple :

1ᵉʳ *temps*. — Postérieur gauche.

2ᵉ *temps*. — Bipède diagonal gauche.

3ᵉ *temps*. — Antérieur droit.

GALOP ORDINAIRE autrement dit galop franc, gaillard, de chasse.

Mais ces phases ne se succèdent pas absolument, l'une se produit avant que l'autre soit achevée, d'où des bases d'appui multiples qui se succèdent ainsi, dans le galop à droite par exemple :

Base unipédale postérieure gauche;
(Quelquefois base bipédale postérieure);
Base tripédale antérieure gauche;
Base diagonale gauche;
Base tripédale postérieure droite;
Base unipédale antérieure droite;
Puis le temps de suspension ou de projection.
Un cheval peut galoper *à gauche, à droite, juste, faux, désuni*.

GALOP ORDINAIRE
(suite). . . . . . .

Départs . . .

DE PIED FERME : le cheval engage son arrière-main, le membre PG plus que son congénère (départ à droite) pour rester seul à l'appui et pousser la masse en avant.

DU PAS AU GALOP : pour le départ à droite, au moment où le bipède diagonal droit est à l'appui, lever de l'AD rejetant le poids sur le PG qui donne l'impulsion.

DU TROT AU GALOP : de même au trot, l'avant-main se soulève par la détente et le lever de l'AD qui rejette le poids du corps sur le PG..

Changements de direction. — Le cheval doit galoper du côté où il tourne et entamer son évolution au moment où le bipède diagonal opposé est à l'appui.

Changements de pied. — Demander le changement de pied de préférence au moment où le pied antérieur, qui marque le troisième temps du galop, va poser à terre.

Vitesse. — La longueur du pas de galop varie de 2 à 7 mètres suivant l'allure, la taille, la conformation; la moyenne à l'allure ordinaire pour un cheval de 1ᵐ,60 est de 3ᵐ,25 à 3ᵐ,60 ou 3 fois la longueur de la base de sustentation. Le *galop de manœuvre* est de 340 mètres en France, 284ᵐ,48 en Russie, de 316 mètres en Angleterre, de 337 mètres en Italie, de 400 mètres en Allemagne.

GALOP DE COURSE. — Dissociation des battues diagonales, d'où quatre temps : avant la photographie instantanée, on avait cru au galop de course à deux temps (membres postérieurs et membres antérieurs); bien au contraire, le cheval en course galope à droite ou à gauche (cheval fatigué qui change de pied). — On ne peut fixer de vitesse au galop de course : un cheval qui fait 4.000 mètres en cinq minutes est un honnête cheval de course.

GALOP RALENTI, A QUATRE TEMPS, DÉCOUSU. — Dissociation de la battue du bipède diagonale (2ᵉ temps) soit pour les chevaux *sur les épaules* (usés, épuisés), soit pour les chevaux *sur les hanches* (trop rassemblés). Le galop de manège bien exécuté ne doit pas désunir la base d'appui diagonale du 2ᵉ temps.

Le cheval peut galoper *sur place* ou même galoper *en arrière*.

CONFORMATION DU CHEVAL DE GALOP (CHEVAL DE SELLE). — Le cheval de galop (cheval de selle, cheval d'armes par excellence) se fait remarquer pour son haut *degré de sang*, et par une *architecture* qui assure un ample fonctionnement aux divers rouages de la machine, une bonne trempe aux tissus.

Le cheval de pur sang *harmonisé* dans les grandes lignes de conformation en est le type idéal : il a l'énergie, le fond, la puissance d'assimilation qui permet de proportionner l'alimentation au travail, d'équilibrer les recettes et les dépenses. En dehors du sang, le type de conformation décelant l'aptitude au galop, est celui-ci : de la branche, de longs rayons supérieurs, une ligne *de dessus* ou *sus-scapulo iliale* (de l'angle supérieur de l'épaule à la hanche) courte; une ligne *de dessous* ou *huméro-scapulo costale* (de la pointe de l'épaule à la dernière côte) longue; grande hauteur de poitrine, croupe longue. Ces dispositions primordiales entraînent bon dessus, poitrine profonde, garrot en arrière, épaule longue et bien dirigée, encolure bien sortie, bonne ouverture des angles articulaires. Elles se lient presque toujours à des hypochondres peu développés tout en assurant un ventre suffisant, et à une bonne direction de croupe; elles font le cheval léger et fort, de grande puissance respiratoire et digestive, de fond et de vitesse surtout s'il est bien membré. — La poitrine ogivale n'est pas écrasée, les côtes ne sont pas immobilisées par le poids du cavalier comme les côtes cylindriques des trotteurs, et les chevaux, ainsi faits ont du souffle.

Le cheval de galop (cheval d'armes) doit pouvoir soutenir le galop de 5 à 600 mètres sur un parcours de 4 à 6 kilomètres avec son cavalier et cela sans fatigue, faisant entendre une expiration à chaque foulée.

Quarante-deuxième Question

DES ALLURES IRRÉGULIÈRES OU ACQUISES

Allures que le cheval prend par usure, par fatigue, par dressage ou par hérédité.

De l'amble. — Allure en deux temps, marchée, naturelle ou acquise, très rapide (trot ordinaire) dans laquelle les deux membres de chaque bipède latéral se lèvent et viennent à l'appui simultanément (chevaux de Napoléon 1er; employés jadis comme courriers; ambleurs américains). Deux battues, quatre empreintes : déplacements horizontaux plus étendus que déplacements verticaux.

De l'amble rompu. — Amble à quatre temps caractérisés par la dissociation des battues latérales : les ambleurs poussés au delà de leur train prennent l'amble rompu ; les Arabes le produisent en entravant leurs chevaux par bipède latéral (10 kilomètres à l'heure, 100 à 120 kilomètres par jour.

Du pas relevé (haut pas, entre pas). — En quatre temps également espacés (pas très accéléré ou petit trot décousu). Bidets d'allure ou postiers normands autrefois très estimés pour les longs voyages (dressage artificiel).

Du traquenard (trot décousu ou désuni). — Dissociation des battues diagonales, assez fréquent chez les trotteurs poussés très fort.

Du saut de pie. — Lorsque le trotteur, faisant fonctionner l'avant-main plus vite que l'arrière-main, enlève pour rétablir l'ordre des battues l'arrière-main tout d'une pièce par le *saut de pie*.

De l'aubin. — Mélange de trot et de galop (*aubin de devant* quand le cheval galope de derrière et *aubin de derrière*, quand le cheval galope du devant). Signe de ruine, de fatigue, de souffrance.

DÉFECTUOSITÉS DES ALLURES. . . .

Formes particulières des allures qui les rendent disgracieuses, incertaines, quelquefois dangereuses.

Raser le tapis. — Les extrémités s'élèvent très peu au-dessus du sol. Qualité lorsque, comme pour les chevaux de pur sang, cela tient à la conformation (galoper près de terre); défaut en cas d'allures irrégulières (amble, pas relevé, amble rompu), de fatigue, d'usure, etc.

Trousser. — Les membres antérieurs se relèvent trop (allures lentes, quelquefois brillantes, chevaux aveugles).

Bercement. — Mouvement de latéralité du devant, du derrière ou de tout le corps (chevaux fortement étoffés, trop ouverts du devant ou du derrière, cagneux, panards, usés; *tour de rein*) : très préjudiciable à la vitesse.

Billarder (barbouiller). — Jeter au pas ou au trot les pieds antérieurs en dehors (chevaux panards, à genoux de bœuf, à jarrets clos); disgracieux, fatigue inutile.

Faucher. — Un membre (antérieur) s'élève à peine pour se porter en avant et décrit une courbe en dehors (boiterie de l'épaule).

Se couper. — Un membre en l'air vient frapper un membre à l'appui : le cheval se frise, se touche, s'atteint, s'entretaille, s'attrape à la couronne, au boulet, au canon, au genou. Causes : faiblesse (âge, fatigue, défaut de nourriture, etc.), mauvaise conformation, défauts d'aplomb, engorgement des membres, ferrure défectueuse. Remèdes : soumettre le cheval à un régime fortifiant, rectifier la ferrure, emploi des guêtres, bottines, protecteurs; ferrure tronquée, d'aplomb.

Se croiser. — Les pieds (surtout postérieurs) se placent l'un devant l'autre dans la marche : défaut de conformation; soigner la ferrure.

Forger. — Choc du pied ou du fer postérieur sur le pied ou fer antérieur du même bipède : un cheval forge en branche, en éponge, en voûte.
Causes : faiblesse ou fatigue, défaut de proportions, d'aplombs ou de conformation, excès de chasse de l'arrière-main, faute du cavalier ou du conducteur, mauvaise ferrure.
Remèdes : Bonne alimentation et entraînement, soutien des jambes et de la main, ferrure spéciale à pince derrière tronquée, éponge devant ou voûte tronquées ou biseautées, etc.

Harper. — Mouvement brusque, convulsif d'un ou des deux jarrets. (Éparvin sec. Question 35).

Épaules froides ou chevillées (voir quest. 29). — Dénomination impropre puisque le défaut vient presque toujours des pieds ou des articulations inférieures.

Effort de reins (tour de bateau). — Se traduit par une vacillation de l'arrière-main; dû en général à commencement de paraplégie.

Jarrets vacillants. — Oscillations latérales à l'appui : signe de faiblesse de l'arrière-main; quelquefois, chez les poulains, disparaît avec l'âge.

Boiteries diverses. — Dues à des causes multiples.

DE L'AGE

Quarante-troisième Question

DE L'AGE. — Temps écoulé depuis la naissance du cheval.

ASPECT GÉNÉRAL ET PHYSIONOMIE DU CHEVAL . . . . .

Poulain. — Haut sur jambes, disgracieux, décousu, croupe plus haute que l'avant-main, joueur ou sauvage.

Cheval fait. — Physionomie calme, ensemble harmonisé, tissus denses, formes pleines.

Vieux cheval. — Angles osseux secs et aigus, salières creuses, poils blancs aux sourcils, aspect fatigué, allures irrégulières, moins énergiques.

DES DENTS . . . . .

Répartition. — Enchâssées dans les *alvéoles* creusées dans les os maxillaires, elles forment les *arcades dentaires*. Espace interdentaire ou *barre*.

Division. — Se divisent en *incisives, crochets* ou *canines* et *molaires*; en *dents de lait* ou *caduques*; en *dents de cheval* ou *de remplacement*. Quelques-unes viennent tard et ne tombent jamais; on les appelle *dents persistantes* (crochets, arrière-molaires).

Nombre. — A chaque mâchoire, 6 incisives, 2 crochets, 12 molaires : 40 dents chez le cheval, 36 chez la jument qui n'a habituellement pas de crochets.

Organisation. — La dent se compose de trois parties : la *pulpe dentaire* qui remplit l'alvéole, tapissée par le *périoste alvéolaire; la racine* enchâssée dans l'alvéole; la *couronne* ou partie libre et, entre les deux, le *collet* surtout apparent dans les dents de lait et recouvert par la gencive.

Trois substances constituent la dent : l'*ivoire* (intérieur ou corps de la dent), l'*émail* (qui encadre l'ivoire) et le *cément* (enveloppe superficielle non continue; forme la germe de fève).

Forme. — Coniques, incurvées en arc de cercle, aplaties d'avant en arrière à la partie libre, rétrécies latéralement à leur partie enchâssée.

Organisation. — L'émail qui enveloppe la dent (**émail d'encadrement**) se replie à l'intérieur de la partie libre sous le nom d'**émail central** pour former un cul-de-sac appelé **cornet dentaire externe**, cavité profonde de $0^m,015$ à $0^m,016$, remplie d'une matière cémenteuse noirâtre qui prend le nom de **germe de fève**. Le fond d'émail de cette cavité s'appelle le *cul-de-sac* du cornet dentaire. A l'intérieur de la racine se trouve la **cavité dentaire interne** remplie dans le jeune âge par la **pulpe dentaire**, peu à peu remplacée par l'*ivoire* de nouvelle formation qui, par l'usure, devient apparent sur la table de frottement en avant du cornet dentaire externe sous forme d'une tache jaunâtre l'**étoile dentaire ou radicale**.

Usure; rasement. — La dent a *usé* lorsque son bord antérieur a perdu la couche d'émail qui le rendait tranchant; elle est *nivelée* quand les deux bords sont de niveau; *rasée* lorsque la cavité dentaire externe a disparu.

Table dentaire. — Alors la *table dentaire* ou surface de frottement apparaît nettement; elle présente en relief deux cercles d'émail (émail d'encadrement et émail central) entre lesquels se trouve l'ivoire; à partir de huit ans l'étoile radicale apparaît entre le bord antérieur de la dent et l'émail central.

DES INCISIVES
Six à chaque mâchoire :
2 pinces, 2 mitoyennes,
2 coins.

CARACTÈRES DES INCISIVES CADUQUES COMPARÉES AUX INCISIVES DE REMPLACEMENT. — *Dents de lait* : blanches, petites, finement striées, à collet bien distinct; elles usent rapidement et régulièrement.

Dents de cheval : plus grosses, jaunes, cannelées d'un large sillon et non striées, pas de collet apparent.

MODE D'ÉRUPTION. — Les incisives supérieures apparaissent avant les inférieures et à chaque mâchoire dans l'ordre suivant : pinces, mitoyennes, coins; le bord antérieur sort toujours le premier.

DIRECTION. — Se modifie avec l'âge; les incisives prennent une direction plus oblique à mesure que le cheval vieillit, et la mâchoire s'effile.

CROCHETS. — Dents canines ou angulaires entre les incisives et les molaires (barres); spéciales au cheval (juments bréhaignes). Les crochets sont des dents persistantes qui apparaissent vers quatre ans.

MOLAIRES OU MACHELIÈRES. — Douze à chaque mâchoire, six de chaque côté, dont trois *avant-molaires* et trois *arrière-molaires*; ces dernières sont persistantes.

Toutes les molaires sont largement cannelées longitudinalement. Leur table, anfractueuse, présente des rubans d'émail disposés en zigzag et imitant un B gothique; par leur opposition elles constituent des sortes de meules entre lesquelles sont broyés les aliments.

Quarante-quatrième Question

CONNAISSANCE DE L'AGE PAR L'EXAMEN DES INCISIVES. — La théorie de l'âge repose sur l'*éruption*, le *remplacement*, l'*usure*, la *forme* et la *direction* des incisives.

DATE DE LA NAISSANCE DES POULAINS. — En France, au printemps, avril ou mai.

En Algérie, plus tôt, en février ou mars.

Un cheval **prend tel âge** lorsqu'il est sur le point de marquer l'âge en question; il **a tel âge** lorsqu'il marque réellement cet âge; il **a tel âge fait** lorsque les caractères de l'âge dont on parle commencent à disparaître pour être remplacés par ceux de l'année suivante.

L'âge administratif compte du 1ᵉʳ janvier de l'année de la naissance. — Avantages pour les produits de pur sang de naître de bonne heure; un cheval né le 2 janvier et un autre le 31 décembre de la même année sont admis à courir ensemble.

DIVISION DE LA DURÉE MOYENNE DE LA VIE DU CHEVAL EN SEPT PÉRIODES OU ÉPOQUES. — DENTS DE LAIT.

Éruption

	du 6ᵉ au 12ᵉ jour	les pinces	
I.	du 30ᵉ au 40ᵉ jour	les mitoyennes	sortent.
	du 6ᵉ au 10ᵉ mois	les coins	

Nivellement, rasement, déchaussement des dents de lait

	à 10 mois ou 1 an	les pinces	sont fortement nivelés, sinon absolument rasés
II.	à 15 ou 16 mois	les mitoyennes	et se déchaussent parallèlement (à 2 ans, rem-
	à 20 mois	les coins	placement de la première avant-molaire).

DENTS DE CHEVAL.

Éruption

	de 2 ans 1/2 à 3 ans	les pinces	
III.	de 3 ans 1/2 à 4 ans	les mitoyennes	sortent. — Vers 4 ans, éruption des crochets.
	de 4 ans 1/2 à 5 ans	les coins	

Rasement et changement de forme

	à 6 ans	es pinces sont rasées.
IV.	à 7 ans	les mitoyennes sont rasées et les coins supérieurs présentent la queue d'aronde.
	à 8 ans	les coins sont rasés et l'étoile dentaire y apparaît.

Toutes les incisives sont successivement passées de la forme aplatie d'avant en arrière à la forme ovale.

Forme arrondie de la table dentaire

	à 9 ans	les pinces	successivement s'arrondissent et présentent l'étoile
V.	de 10 à 11 ans	les mitoyennes	radicale bien apparente vers le milieu de la dent,
	de 11 à 12 ans	les coins	tandis que l'émail central, devenu triangulaire, se porte en arrière et disparaît après 12 ans.

Triangularité de la table dentaire ; disparition de l'émail central

VI.
- à 13 ans — les pinces deviennent triangulaires, l'émail central a disparu de toutes les incisives inférieures ; les coins supérieurs sont rasés.
- de 13 à 14 ans — les pinces
- à 15 ans — les mitoyennes } sont triangulaires.
- de 16 à 17 ans — les coins

Biangularité de la table dentaire. — Effilement et allongement des mâchoires. Obliquité des dents.

VII.
- de 17 à 18 ans — les pinces
- à 19 ans — les mitoyennes } sont biangulaires.
- à 20 ans — les coins

Jusqu'à 9 ou 10 ans tout homme de cheval doit pouvoir déterminer l'âge. Passé cette période, il est souvent difficile de préciser et on peut seulement reconnaître, à 2 ou 3 ans près, la vieillesse du cheval dit, à cause de cela, *hors d'âge*.

Quarante-cinquième Question

IRRÉGULARITÉS DENTAIRES.

Anomalies de nombre. *(dents surnuméraires et subnuméraires).*
Dents surnuméraires surtout à la mâchoire supérieure (dents de lait qui persistent) ; quelquefois avant-molaires ou arrière-molaires supplémentaires (dents de loup). — Les irrégularités par diminution de nombre sont très rares.
Ces phénomènes rendent la dentition irrégulière et la connaissance de l'âge difficile.

Anomalies de dévoppement
Les dents se chevauchent et en constate une disproportion de longueur entre les deux mâchoires (prognathisme, brachygnathisme).

Anomalies de forme ou de conformation
FORME TRIANGULAIRE constatée sur des chevaux de 6 et 5 ans.

FISSURES DU CORNET DENTAIRE.

DEUX CORNETS DENTAIRES sur la même surface de frottement.

IRRÉGULARITÉS DE PROFONDEUR DU CORNET.
Cheval bégu, chez lequel le cornet dentaire persiste après 8 ans (très fréquent).
Cheval faux bégu, chez lequel le cul-de-sac du cornet dentaire persiste après 12 ans.

VICES D'USURE . . .

Chevaux tiqueurs.

Le tic à l'appui entraîne l'usure *irrégulière* des dents : on constate un biseau le plus souvent à la face antérieure, à la face postérieure ou sur les faces latérales — L'âge est alors plus difficile à déterminer. — Autrefois le tic avec usure des dents était seul rédhibitoire ; aujourd'hui c'est le tic *avec ou sans usure.*

Défaut ou excès d'usure.

Longueur normale : de toute la dent, $0^m,065$ à $0^m,070$; dans la partie libre. $0^m,015$ à $0^m,016$.

Usure annuelle : de $0^m,003$ à $0^m,004$.

Défaut d'usure : le cheval est plus vieux qu'il ne paraît.

Excès d'usure : le cheval est moins vieux qu'il ne paraît.

Rétablir par la pensée la longueur normale de la dent en ajoutant ou en retranchant une année par 3 ou 4 millimètres en plus ou en moins.

MOYENS FRAUDULEUX EMPLOYÉS POUR VIEILLIR OU RAJEUNIR LES CHEVAUX .

Pour vieillir. — On arrache les incisives de lait pour hâter la sortie des incisives de cheval (surtout les coins à quatre ans pour faire croire que le cheval est dans sa cinquième année). On reconnaît cette opération à la rougeur des gencives si elle est récente, à l'irrégularité de l'arcade dentaire si elle est ancienne.

Pour rajeunir. — On peut scier les incisives ou les raper, mais le plus souvent on creuse une cavité qu'on noircit au nitrate d'argent ou au fer rouge pour faire croire que le cornet dentaire et le germe de fève n'ont pas encore disparu (**contre-marquage**). On reconnaît l'opération à l'empreinte des traits de scie, à ce que les incisives supérieures et inférieures ne s'affrontent plus, à l'absence de l'émail central qui forme relief autour du cornet dentaire naturel.

Pincée de sel déposée dans la bouche pour faire saliver et empêcher de voir la fraude.

Piqûres aux salières pour les faire paraître moins creuses et rajeunir le cheval.

MANIÈRE DE BOUCHER LE CHEVAL. — Ne pas prendre la langue du cheval à pleine main comme cela se pratique souvent ; mais, les trois derniers doigts de la main droite tenant le montant du bridon, introduire l'index au niveau de l'espace interdentaire et l'insinuer sous la langue tandis que le pouce abaisse la lèvre inférieure.

ROBES, SIGNALEMENTS, SPÉCIALITÉS, ADAPTATIONS DU CHEVAL

Quarante-sixième Question

DES ROBES (pelage, manteau). — Ensemble des poils et des crins qui revêtent la surface du corps.

Causes de modifications des robes

> **Age.** — Le poulain naît avec un poil terne et bourru qui se transforme; les chevaux noirs naissent roussâtres, les alezans et bais avec des nuances fauves; une robe grise ou fortement rubicane est indiquée par des poils blancs autour des yeux (*Le Loup Blanc*).
>
> **Sexe.** — Les chevaux entiers ont les poils plus fins, des nuances plus franches.
>
> **Saisons et air.** — La chaleur, la sécheresse rendent les robes plus lisses et plus brillantes. Un cheval toujours exposé à l'air libre a des poils plus longs, plus ternes, plus grossiers (couvertures), des crins lavés ou fauves.
>
> **Lumière.** — Vivacité des tons et éclat des reflets.
>
> **Santé.** — La bonne nourriture, l'embonpoint, la bonne santé donnent du lustre à la robe.
>
> **Pansage et tondage.** — (Torchon chaud ou un peu humecté de pétrole pour lustrer le poil).

CLASSIFICATION DES ROBES :

1° ROBES SIMPLES.

Poils d'une seule couleur.

BLANC.	Mat, porcelaine, sale, rosé, argenté.
CAFÉ AU LAIT.	Clair (soupe au lait), ordinaire, foncé. Souvent ladre et raie de mulet.
ALEZAN.	Clair (fauve), ordinaire, poil de vache (lavé), foncé (châtain ou marron), brûlé, doré, cuivré, cerise.
NOIR	Franc, mal teint, jais.

2° ROBES COMPOSÉES

a) **Robes composées de deux poils séparés, l'un** *jaune* ou *rouge* **sur le corps, l'autre** *noir* **aux crins et aux extrémités.**

- BAI . . . . . — Clair, ordinaire, cerise, acajou, châtain, marron, foncé, brun (roux ou fauve aux naseaux, ventre, flancs), etc.
- ISABELLE . . . — Clair, ordinaire, foncé (souvent raie de mulet et des zébrures).
- SOURIS . . . . — Clair, ordinaire, foncé (souvent raie de mulet et tête noire).

b) **Robes composées de deux poils mélangés sur tout le corps**

- GRIS (poils noirs et blancs). — Très clair, clair, ordinaire, foncé, de fer (gris-bleu), ardoisé, sale, isabelle (très rare); rouanné ou vineux, tourdille étourneau. *Les robes grises deviennent de plus en plus claires avec l'âge.*
- AUBÈRE OU PÉCHARD (poils rouges et blancs). — Clair, ordinaire, foncé, mille fleurs, fleur de pêcher.
- LOUVET (nuances jaune et noire souvent réunies sur le même poil). — Clair, ordinaire, foncé. Appelée autrefois poil de cerf.

c) **Trois poils mélangés.**

- ROUAN . . . . — Clair, ordinaire, vineux ou sanguin, foncé. — Quelquefois les poils noirs restent confinés aux crins et aux extrémités.

d) **Robes composées de deux autres robes.**

- PIE . . . . . — Noir, alezan, bai, isabelle, souris, louvet, etc. Pie-noir ou noir-pie, selon que le blanc ou le noir domine.
- ROBES CONJUGUÉES — Réunion sur le même cheval de deux robes distinctes quelconques, pourvu que le blanc n'en soit pas.

e) **Robes tachetées ou tigrées.** — Blanche, grise, baie, alezane, avec des taches généralisées sur tout le corps (Danemark, Hanovre, bords du Danube).

PARTICULARITÉS DES ROBES. — Signes particuliers très importants pour distinguer un cheval. Dûs à des reflets, mélanges de poils, direction irrégulière des poils, absences de coloration de la peau et marques accidentelles ou naturelles.

1° Sans siège fixe

- REFLETS BRILLANTS. — Jais, argenté, doré, cuivré, bronzé, moiré.
- POMMELURES. — Propres à la robe grise.
- MIROITURES. — Sortes de reflets arrondis plus apparentes au soleil sur les robes foncées.

Zain. — Absence complète de poils blancs.

Rubican. — Mélange de poils blancs à toute ou partie seulement d'une robe foncée.

Neigé. — Bouquets de poils blancs semés sur les robes foncées : les chevaux *rubicans* peuvent devenir *neigés* en vieillissant.

Taches accidentelles. — Marques blanches résultant d'anciennes blessures.

Aubérisé. — Plus de poils blancs que le rubican; jamais généralisé.

Grisonné. — Mélange en certains points du corps de poils blancs et noirs.

Bordé. — Bordure mélangée de poils blancs et foncés autour d'une marque blanche bien circonscrite.

Moucheté. — Petits bouquets de poils noirs semés sur les robes claires.

Truité. — Petits bouquets de poils rouges semés sur les robes claires.

Herminé. — Taches noires plus grandes que les mouchetures sur des marques blanches locales.

Tigré. — Taches foncées rappelant le tacheté de la panthère ou du léopard.

Tisonné et charbonné. — Tâches d'un noir terne.

Vineux. — Mélange de poils rouges aux poils blancs des robes blanche et grise.

Rouanné. — Mélange de poils rouges, blancs et noirs rappelant la robe rouanne.

Marques de feu. — Reflets fauves sur une robe foncée (flancs, fesses, yeux et nez).

Lavé. — Décoloration générale ou partielle.

Épis. — Directions irrégulières des poils : concentriques ou excentriques (leur importance chez les Arabes).

Frisé. — Particularité momentanée due à la longueur des poils d'hiver.

Ladre. — Décoloration de la peau; les taches de ladre peuvent être mélangées, bordées, marbrées, interrompues.

1° **Sans siège fixe** (suite) . . . . (les termes ci-dessus)

2° **Sur la tête** . . .

Marques en tête (localisées au front). — Quelques poils en tête : en tête, légèrement ou fortement, régulièrement ou irrégulièrement en tête : en tête en croissant, en losange, en cœur, en pointe, etc., à droite, à gauche, prolongée, interrompue, etc.

Listes (sur le chanfrein). — Large, fine, belle-face, demi-belle-face à droite ou à gauche, complète ou incomplète, déviée à droite ou à gauche, dentée, terminée en pointe, par du ladre.

Les marques en tête et les listes peuvent être bordées, mélangées, truitées, mouchetées, etc.

Nᴇᴢ ᴅᴇ ʀᴇɴᴀʀᴅ. — Marques de feu au pourtour du nez (alezan, bai foncé ou bai brun).

Mᴏᴜsᴛᴀᴄʜᴇs. — Poils clairs retroussés en moustaches sur le devant de la lèvre supérieure.

2° Sur la tête (suite)

Cᴀᴘ ᴅᴇ ᴍᴀᴜʀᴇ. — Cheval dont la tête est noire : *Cavecé de maure*, lorsque la partie inférieure seule de la tête présente cette particularité.

Lᴀᴅʀᴇ ᴀᴜ ʙᴏᴜᴛ ᴅᴜ ɴᴇᴢ ᴇᴛ ᴀᴜx ʟᴇᴠʀᴇs. — Ladre sur entre et dans les naseaux ; cheval qui boit dans son blanc.

Œɪʟ ᴠᴀɪʀᴏɴ. — Iris dépourvu de matières colorante.

Œɪʟ ꜰᴀᴜᴠᴇ. — Très rare. Couleur fauve ou lie de vin de l'iris.

Rᴀɪᴇ ᴅᴇ ᴍᴜʟᴇᴛ. — Bande noire du garrot à la queue.

Bᴀɴᴅᴇ ᴄʀᴜᴄɪᴀʟᴇ. — Bande foncée transversale sur le garrot et les épaules.

3° Sur le corps.

Vᴇɴᴛʀᴇ ᴅᴇ ʙɪᴄʜᴇ. — Lavure jaunâtre sous le ventre.

Cʀɪɴs ʙʟᴀɴᴄs ᴏᴜ ʟᴀᴠᴇs. — Crins clairs dans les robes foncées.

Cʀɪɴs ᴍᴇʟᴀɴɢᴇs. — Crins blancs mêlés aux crins noirs des robes baie, alezane, isabelle, souris, louvet.

4° Sur les membres.

Bᴀʟᴢᴀɴᴇs

Marques blanches de la partie inférieure des membres.

Pour le nombre. — *Une* : balzane antérieure, postérieure, droite ou gauche ; *deux* : balzanes latérales ou diagonales, droites ou gauches ; *trois* : trois balzanes dont une antérieure ou postérieure droite ou gauche ; *quatre* : balzanes.

Pour la hauteur. — *Principe de balzane* (ne dépasse pas la couronne mais fait tout le tour) ; *trace* (principe incomplet) ; *petite balzane* (couronne et paturon) ; *incomplète* (n'entoure pas le membre) ; *grande* (dépassse le boulet) ; *chaussée, haut chaussée, très haut chaussée* (atteint ou dépasse le genou ou le jarret).

Les balzanes sont régulières, irrégulières, dentées, en pointe, bordées, mélangées, mouchetées.

Zᴇʙʀᴜʀᴇs. — Lignes sinueuses foncées sillonnant les rayons supérieurs de la partie détachée des membres et quelquefois le corps.

Cᴏᴜʟᴇᴜʀ ᴅᴇs sᴀʙᴏᴛs. — Blanche, noire ou mélangée.

Quarante-septième Question

DE LA TAILLE. — Se mesure du garrot au sol; de 1 mètre à 2^m,10; atteint tout son développement vers cinq ans. — Nécessité de *toiser* un cheval aussi exactement que possible; évaluer la taille en centimètres.

Instruments. — Ruban ou ficelle métrique. — Potence, toise ou canne hippométrique.

Précautions à prendre. — Terrain horizontal : cheval d'aplomb; tête haute sans exagération, couvrir l'œil du côté du toiseur; instrument vertical.

MARQUES NATURELLES. — Coup de hache : très répandu.

Coup de lance. — Dépression naturelle des muscles sous-cutanés (base de l'encolure, épaule, fesse, etc.)

MARQUES ACCIDENTELLES. — Marques de feu. — Dans l'armée jadis sur la cuisse gauche, puis sur l'encolure; maintenant au sabot antérieur droit, marque du corps; au sabot antérieur gauche, numéro matricule.

Marques de certaines administrations (omnibus), de certains haras (Camargue, Pampas, Hongrie). *Cheval marqué au feu.*

Tare par le feu. — Traces de l'application thérapeutique du feu.

Oreilles fendues ou raccourcies. — Jadis chevaux réformés. — Coutume arabe.

Traces de blessures.

SIGNALEMENT. — Énumération des caractères extérieurs susceptibles de faire reconnaître un cheval parmi tous les autres. **Simple** ou **sommaire**, **composé** ou **détaillé**, selon la quantité des détails dont le signalement est composé.

Signalement du cheval de troupe. — Ordre invariable suivi dans l'armée :
Numéro matricule;
Nom;
Sexe;
Age;
Taille.
Robe; particularités sans siège fixe, puis du corps, de la tête, des membres et marques naturelles ou accidentelles :
Dépôt de remonte ou provenance;
Prix d'achat;
Arme;
L'administration des haras ajoute à ces renseignements le degré de sang, le pédigrée et les performances.

Quarante-huitième Question

DES CHEVAUX VICIEUX ET MANIAQUES. — Imperfections morales acquises par hérédité, mauvaise éducation, etc., ou mauvaises habitudes ayant pour résultat de rendre le cheval désagréable ou difficile à utiliser.

HABITUDES DÉFECTUEUSES . . . . .

Langue pendante, serpentine, par-dessus le mors ou qui se double. — Conduite délicate, langue facile à blesser. — Emploi d'une muserolle un peu serrée ou d'un mors à palette.

Casser la noisette (*bégayer*). — Grande susceptibilité de la bouche. — Bonne main, embouchure douce.

Se frotter la queue. — Congestion du cuir poilu, larves d'œstres ou helminthes (vers). — Soins de propreté ou traitement en conséquence.

Encenser. — Excitabilité générale, délicatesse des barres ou signe de fatigue. — Bonne main (équitation).

Prendre les branches du mors avec la lèvre inférieure. — Secousses aux rênes, branches du mors recourbées, fausse gourmette.

Mordre les couvertures. — Bâton de surfaix, collier à chapelet, mentonnière adoptée au licol, ou fourche de poitrail et de mâchoire.

Appuyer un pied postérieur sur l'autre. — Blessures de la couronne, contusions du boulet. — Protecteur en cuir, modifier la ferrure (éponges tronquées).

Se coucher en vache (*éponge*). — Voir question 30.

Se délicoter. — Collier remplaçant le licol ou ajouté au licol.

Se rouler, se coucher dans l'allée de passage ou sous la mangeoire. — Modifier la longe d'attache, combler le dessous de la mangeoire.

Trotter à l'écurie, gratter du pied. — Travail suffisant, voisin calme.

Tic de l'ours. — Fatigue inutile, souvent contagieux. — Emploi de deux longes ou mettre en box.

Manger de la terre, du crottin, etc. — Muselière ou, en cas de maladie (*pica*), emploi de sel marin, de bicarbonate de soude.

Gaspiller l'avoine. — Mangeoire très large, grande tranquillité pendant les repas, usage de la musette-mangeoire.

Monter dans la mangeoire. — Fers à éponges tronquées.

Se gonfler pendant le sanglage. — Sangler en plusieurs fois.

Taper contre les bat-flancs. — Garnir les bat-flancs de paillassons; usage d'entraves; remplacer le bat-flanc par une barre.

TIC PROPREMENT DIT AVEC OU SANS USURE DE DENTS (*vice rédhibitoire*). — Déglutition de l'air en prenant un point d'appui (dents ou partie quelconque de la tête) et accompagnée d'un bruit rauque (éructation). — Inconvénients : troubles digestifs, coliques, dépérissement, dents détériorées, contagion. — Pas de saillie dans l'écurie ou badigeonnage avec une mixture amère ; croupe tournée à la mangeoire, colliers anti-tiqueurs ou courroie.

VICES PROPREMENT DITS.

Chevaux rétifs. — Qui refusent d'obéir : détails d'équitation.

Chevaux difficiles à approcher, à harnacher. au montoir. — Moyens de persuasion et dressage méthodique souvent plus efficaces que les moyens violents et de contrainte.

Chevaux difficiles au ferrage. — Voir question 52.

Chevaux qui pointent et frappent du devant. — Attacher court à l'écurie ; martingale.

Chevaux qui s'immobilisent et reculent. — Bouche délicate, mauvaise main, souffrance des jarrets et des reins.

Chevaux qui tirent au renard (*langue coupée*). — Précautions à prendre pour l'attache·

Chevaux rueurs. - - Entraves à l'écurie ; plate-longe ; corrections.

Chevaux peureux. — Donner confiance, œillères.

Chevaux emballeurs (*prendre le mors aux dents*). — Filet, gourmette ou caveçon sur le nez. — Embouchures spéciales.

Quarante-neuvième Question

DES SERVICES OU ADAPTATIONS. — On a classé les chevaux en :
Brévilignes, eurythorax, à intensité de contraction.
Longilignes, sténothorax, à étendue de contraction.
Médiolignes, mésothorax, à aptitudes moyennes.

L'étude de ces dispositions générales, ajoutée à la délimitation du *degré de sang* permet de déterminer le service auquel est propre un cheval ou son adaptation.

Chevaux de course.

1° COURSES PLATES. PUR SANGS. — Race de pur sang créée en Angleterre avec la descendance d'étalons orientaux dont les plus célèbres sont *Darley-Arabian, Godolphin-Arabian* et *Bierley-Tork* (stud book anglais et français).

Prédominence des éléments longueur ; essentiellement longilignes, les chevaux de pur sang ont la poitrine haute et profonde, le garrot sorti et prolongé en arrière, l'encolure longue, les angles supérieurs fermés et les rayons correspondant longs se rapprochant de l'horizontale, les angles inférieurs ouverts. :

Valeur très variable et dépendant de l'origine, de la conformation et des espérances qu'on peut en concevoir. Introduits en France vers 1780, leur élevage tend à se généraliser ; deux centres toutefois se font remarquer par la valeur de leurs produits : la Normandie et la plaine de Tarbes.

2° STEEPLE-CHASES. — En courses d'obstacles comme en courses plates, les chevaux de pur sang sont sans rivaux ; le *train* est moindre en steeple-chase ; l'augmentation de l'importance des allocations faites aux courses d'obstacles a sensiblement augmenté la valeur moyenne des chevaux consacrés aux steeple-chases.

Chevaux de courses (suite)

3° COURSES AU TROT (attelé ou monté). — Chevaux de demi-sang : Russie (Orloff), France (Normandie), États-Unis, Angleterre. — Type longiligne ; poitrine spacieuse, longueur et horizontalité des rayons supérieurs ; force dans les articulations et les membres.

Trop souvent le trot de course conduit aux allures détraquées ou irrégulières. Des matchs célèbres semblent avoir prouvé que les galopeurs témoignent de plus de fond que les trotteurs (*Triboulet* contre *Tambour-Battant* ; *Jacinthe* contre *Zéthus*). L'utilité des courses au trot est très discutable au point de vue de l'intérêt général ; le trotteur est très rarement bon cheval de selle, tandis que tout cheval de selle est à fortiori bon carrossier.

Chevaux de selle

CHEVAL DE CHASSE. — Du sang, de l'énergie, de la force, allures aisées encolure mince et bien plantée, garrot bien sorti et en arrière, puissance musculaire de l'arrière-main, bon emplacement de la selle, bons aplombs, bon pied, bon œil (type du *hunter* anglais défini). Le *cob*, plus trapu et le *hack* (cheval de promenade) sont aussi des chevaux de selle. Supériorité du cheval de pur sang pour tous les services.

Chevaux de manège. — Dispositions spéciales d'équilibre parfait (anglo-arabes, pur sangs).

Chevaux de carrière. — Qualités du cheval de chasse.

CHEVAUX DE GUERRE MONTÉS

Cavalerie de réserve ($1^m,56$ à $1^m,62$). — Musclés et puissants, plus souvent chevaux de trait que chevaux de selle (dépôts de Caen, Saint-Lô, Bec-Hellouin, Alençon, Saint-Jean-d'Angély, Fontenay, Mâcon.)

Cavalerie de ligne ($1^m,51$ à $1^m,57$). — Type médioligne (Calvados, Manche, Orne, Sarthe, Mayenne, Eure).

Artillerie selle ($1^m,51$ à $1^m,62$). — Le plus souvent est un véritable cheval de trait.

Cavalerie légère ($1^m,48$ à $1^m,54$). — Plus légers et plus fins, marquant plus de sang ; supériorité des produits de la plaine de Tarbes (Tarbes, Gers, Guéret, Aurillac) ; les chevaux légers recrutés en Normandie ne sont souvent que des chevaux de ligne ou de réserve manqués.

Chevaux à deux fins.

Tous les chevaux de selle sont susceptibles de faire des bons chevaux de voiture : utilité des services rendus par le *double poney* ($1^m,45$ à $1^m,53$) solidement établi, un peu rond (Irlande, pays de Galles, Manche, Bretagne, Ardennes, etc.) et le *poney* [$1^m,10$ à $1^m,45$] (Écosse, Irlande, Corse, Landes, Espagne, Portugal, etc.).

Chevaux de trait léger . . . .

CARROSSIERS (grands et petits). — Formes puissantes, amples mais élégantes (Angleterre, France (Merlerault), Hanovre, Mecklembourg, Hollande).

POSTIERS. — Moins belles lignes que les carrossiers (Bretagne, Normandie, Perche, Irlande).

ARTILLERIE TRAIT. — Nécessité de pouvoir déployer de la vitesse ; il serait à souhaiter que les ressources de la production permissent de se rapprocher du type selle.

CHEVAUX DU TRAIN. — Souvent recrutés parmi les ratés ou détériorés des catégories selle. (*Mulets*.)

Gros trait . . . .

FARDIERS OU TRACTIONNEURS AU TROT. — Prédominance des éléments largeur (Boulonnais, Percherons).

Cinquantième Question

ACHAT ET VENTE DU CHEVAL

Conditions de la vente . . . .

Loi spéciale de garantie du 2 août 1884 concernant les *vices dits rédhibitoires*, c'est-à-dire susceptibles d'entraîner la nullité de la vente : morve, farcin, immobilité, emphysème pulmonaire, cornage chronique, tic proprement dit avec ou sans usure des dents, boiteries anciennes persistantes, fluxion périodique.

Délais : neuf jours francs (trente jours pour la fluxion périodique) non compris le jour de la livraison ; le délai s'augmente en raison de la distance (un jour par 5 myriamètres).

La loi sur les vices rédhibitoires n'est applicable que sur les animaux vendus ou échangés qui ont une valeur de plus de 100 francs.

Les maladies contagieuses (*morve, farcin, dourine*) sont en outre régies par la loi sur la *police sanitaire des animaux* (21 juillet 1881).

Pour rendre un cheval atteint de vice rédhibitoire, adresser une requête orale ou écrite au juge de paix qui nomme un ou trois experts : ceux-ci font un procès-verbal de l'état de l'animal. Le vendeur est averti d'avoir à reprendre son cheval ; en cas de refus, l'affaire est portée devant les tribunaux. Dans la pratique, on doit chercher à s'arranger à l'amiable soit en gardant le cheval moyennant une réduction de prix, soit en partageant les frais de retour si le vendeur était de bonne foi, etc.

Des conditions spéciales (garantie conventionnelle) peuvent rendre rédhibitoires tous autres vices ou défauts que ceux désignés par la loi de 1884.

Préparation à la vente . . . .

SOINS ET RÉGIME pour refaire un cheval qui *n'est pas marchand* (emploi des farineux, des mashs, des purgations, bons pansages, flanelles, douches pour donner au cheval bonne apparence, bons poils, membres semblant nets).

13

Préparation à la vente (suite) . . .

> **TOILETTE.** — La toilette peut transformer un cheval ; elle comprend plusieurs opérations : *tondre* (donne de la finesse, tonte des membres, place de la selle) ; *toilette de la crinière et du toupet* ; *toilette de la queue* (voir question 28. Emploi du gingembre) ; *toilette des membres* ; *toilette des pieds.*
>
> **MONTRE.** — Son importance chez les marchands de chevaux : mur blanc, terrain en pente, cheval bien placé, très actionné pour faire trotter beau.

Examen du cheval en vente . . . .

> **1° A L'ÉCURIE.** — Comment il se comporte avec l'homme qui le prépare : examen de la mâchoire ; de la vue au moment où il passe la porte.
>
> **2° A LA MONTRE DE PIED FERME.**
>
> > *Examen d'ensemble* . . . — Formes générales : harmonie des diverses parties ; physionomie ; degré de sang accusé.
> >
> > *Examen de détail* —
> > - *De face.*
> > - *De biais en avant des membres antérieurs.*
> > - *De profil en face de l'épaule.*
> > - *De profil en face du corps* avec un coup d'œil de biais à droite et à gauche.
> > - *De biais en avant des membres postérieurs.*
> > - *De profil en face de l'arrière-main.*
> > - *Par derrière*, de biais, puis de face.
> > - Faire ainsi tout le tour du cheval.
> > - *Passer la main sur les membres.*
> > - *Faire lever les pieds.*
>
> **3° EXAMEN EN ACTION.**
>
> > *A la montre* . . — Terrain dur et mou. Examiner le cheval en action de dos, de face, de profil. Faire reculer.
> >
> > *Essai* . . . . — Monté et attelé.

Se rappeler toutes les ruses des maquignons. — Se méfier des conseillers inconnus. — Si on n'est pas sûr de soi, consulter un vétérinaire pour les tares et surtout les vices rédhibitoires de même que pour les conditions légales de la vente.

NOTATION DU CHEVAL. — Il faut savoir résumer en termes nets, précis et d'une façon complète l'appréciation d'un cheval ; pour cela on peut suivre l'ordre suivant : structure générale, degré de sang, rapport entre le dessus et le dessous, entre l'avant-main et l'arrière-main, ligne de dessus (rein, dos, sortie d'encolure, etc.), ligne de dessous, rayons supérieurs et rayons inférieurs des membres (qualités, tares, aplombs, fatigues), appréciation des allures, impression générale résumée.

Épigramme signalétique de M. le professeur Baron.

FERRURE

Cinquante-et-unième Question

DU PIED. — Partie inférieure de chaque membre revêtue par le sabot.

Parties contenues .

1° APPAREIL OSSEUX. — *Os du pied* (3ᵉ phalange) : donne la forme au sabot.
— Crête semi-lunaire à la face inférieure, éminence pyramidale au bord supérieur et en arrière surfaces articulaires pour s'unir à l'os de la couronne.

Os naviculaire articulé avec le bord postérieur de l'os du pied ; sert de poulie de renvoi à l'aponévrose plantaire (maladie naviculaire). L'extrémité inférieure de *l'os de la couronne* est incluse dans le sabot et concourt à l'articulation du pied.

LIGAMENTS latéraux, postérieurs et antérieurs consolident l'articulation des 2ᵉ et 3ᵉ phalanges.

TENDONS. — En avant extenseur antérieur qui s'insère à l'éminence pyramidale ; en arrière et en dessous fléchisseur profond (perforant) doublé d'une bride de renforcement.

APPAREIL D'AMORTISSEMENT ET D'ÉLASTICITÉ, composé de deux cartilages placés de chaque côté de l'éminence pyramidale pour compléter l'os du pied en manière de ressort et d'un coin ou coussin charnu, le *coussinet plantaire*, sur lequel se moule la fourchette.

Parties contenantes

1° ENVELOPPE DE CHAIR

(n'est que la continuation du derme de la peau, et sécrète la corne modification de l'épiderme.

Bourrelet. — Renflement à la partie supérieure du pied, matrice de la paroi du sabot, auquel il est uni par des villosités ; au-dessus de lui se trouve le *bourrelet périoplique*, qui sécrète le périople.

Chair cannelée ou feuilletée. — Recouvre tout le pourtour du pied : feuillets parallèles qui sécrètent les feuillets de corne dans lesquels ils s'engrènent ; se replie sous le pied pour sécréter *les barres ou arc-boutants.*

Chair veloutée. — Recouvre le coussinet plantaire, sécrète la sole et la fourchette ; a l'aspect du velours.

Parties contenantes (suite) . . . . .

ENVELOPPE DE CORNE.

Paroi ou muraille. — Enveloppe périphérique du pied posé à terre ; on y remarque le bord supérieur (gouttière du bourrelet), le bord inférieur ou bord plantaire en rapport avec le sol et le pourtour de la sole (ligne blanche ou cordon circulaire) ; la face interne (feuillets kéraphylleux) et la face externe recouverte par le périople.

Régions de la paroi : pince, mamelles, quartiers, talons, arc-boutants ou barres. La hauteur diminue de la pince aux talons.

Sole. — Large croissant de corne (10 à 15 millimètres d'épaisseur) formant le dessous du pied avec la fourchette et se moulant sur la chair veloutée.

Fourchette. — Coin de corne dans l'échancrure postérieure de la sole ; se moule sur le coussinet plantaire (pointe, corps, branches, glômes, lacunes médiane et latérale).

Périople. — Vernis corné qui recouvre la paroi, est sécrété par le bourrelet périoplique et fait corps avec les glômes de la fourchette.

PROPRIÉTÉS, MÉCANISME ET APLOMB DU PIED

Structure et sécrétion de la corne. — Matière élastique, compacte, résistante, noire ou blanche, d'autant plus molle qu'on se rapproche de la chair (*rosée*), constituée par des tubes très fins accolés parallèlement et réunis par une sorte de ciment corné.

Le bourrelet principal sécrète la corne dure de la muraille.

Le bourrelet périoplique : le périople.

Le chair cannelée : les feuillets de corne blanche qui doublent sa paroi.

La chair veloutée : la sole et la fourchette.

Union des parties du sabot. — Très intime (villosités du bourrelet et de la chair veloutée ; feuillets de chair et feuillets de corne (engrénés les uns dans les autres).

Pousse et usure du sabot. — Le sabot pousse et use sans relâche à l'état naturel ; ferré il n'use pas, d'où nécessité de le raccourcir. — La paroi pousse dans le sens de la hauteur, la sole et la fourchette dans le sens de l'épaisseur (renouvellement complet du sabot en 9 ou 10 mois).

Élasticité du pied. — Solide et très sensible, le pied est élastique. A l'instant de l'appui, le coussinet plantaire et la fourchette, comprimés entre le poids du corps et la résistance du sol, s'élargissent, font effort sur les cartilages et la paroi des talons, en même temps les barres et la sole s'affaissent, grandissant la circonférence du sabot. Il en résulte l'ouverture des lacunes et l'écartement des talons. Le sabot revient sur lui-même au lever.

Aplomb du pied. — Le pied est d'aplomb lorsque : 1° dans le sens transversal il pose à terre par le plan perpendiculaire à l'axe longitudinal du canon et du paturon en état d'extension ; 2° dans le sens longitudinal il appuie suivant un plan parallèle à la face inférieure de la fourchette. Dans ces conditions, la hauteur des talons est moitié de celle de la pince et la pince forme avec l'horizontale un angle de 45 à 50°, sauf dans les pieds à talons bas, ou hauts, ou à pince longue, à talons fuyants, etc.

Le pied qui n'est pas d'aplomb est dit *de travers*.

BAUTÉS DU PIED. — *Volume* proportionné à la taille et aux aptitudes de l'animal.

Vu de face : moins large en haut qu'en bas, également haut des deux côtés, plus évasé en dehors qu'en dedans.

Vu de profil : ligne de pince inclinée parallèlement au paturon ; hauteur des talons égale à la moitié de la hauteur de la pince ; bourrelet régulièrement incliné.

Par derrière : talons écartés, égaux, tombant presque verticalement sur le sol, surtout celui du dedans.

En dessous : sole creuse et épaisse, fourchette forte, saine, dure ; lacunes larges, barres bien inclinées, saillantes jusque vers la pointe de la fourchette.

Corne de tout le sabot noire ou grise, élastique, ni trop molle, ni trop dure ; paroi lisse et brillante.

PIED DE DEVANT ET DE DERRIÈRE, DROIT ET GAUCHE. — Pieds antérieurs. — Larges, évasés, arrondis, à sole plus plate, à talons plus inlinés et plus raprochés.

Pieds postérieurs. — Plus ovales, moins inclinés ; sole plus creuse, talons plus écartés.
Pour distinguer le pied droit du pied gauche, remarquer que le dehors du sabot est toujours plus oblique et plus évasé que le dedans.

DÉFECTUOSITÉS DU PIED.	Défaut de volume ou de proportions.	*Pied grand.* — Chevaux maladroits exposés à se déferrer, à se couper.
		Pied petit. — Délicat, prédisposé aux seimes, à l'encastelure.
		Pied étroit. — Sensible, exposé à se dérober.
		Pieds inégaux. — Le cheval souffre du pied le plus petit.
	Défaut de qualité de la corne	*Pied gras.* — Paroi et sole minces et molles, ferrure peu solide.
		Pied sec ou maigre. — Corne mince, sèche, cassante.
		Pied cerclé. — Saillies circulaires dénotant un état maladif.
		Pied à paroi séparé de la sole. — Présente un sillon disjoncteur entre paroi et sole (pied trop paré, application d'un fer trop chaud, etc.), sole mince souvent infiltrée de sang.
		Pied dérobé. — Bord inférieur de la paroi déchiqueté, éclaté par places. Difficile de faire tenir la ferrure et il faut remplacer des clous par des pinçons.
	Mauvaise conformation et atrophie	*Pied plat.* — Sujet aux bleimes et aux foulures de sole.
		Pied plein ou comble. — Souvent suite de fourbure ; sole bombée, sensible.
		Pied à oignons. — Exostoses de la troisième phalange ; rendent la sole sensible, difficile à percer.
		Pied long en pince. — Provoque le forger, les atteintes. — Raccourcir la pince et incruster le pinçon.

DÉFECTUOSITÉS DU PIED (suite) . . . .

MAUVAISE CONFORMATION ET ATROPHIE (suite). .

Pied à talons fuyants. — Le poids du corps est reporté sur les parties postérieures du pied et sur les tendons. — Ferrer long.

Pied à talons hauts. — Sole creuse, fourchette remontée.

Pied à talons bas et faibles. — Pieds bleimeux prédisposés au resserrement, aux seimes.

Pied encastelé. — Resserrement des quartiers et des talons amené par une atrophie générale ou partielle du coussinet plantaire et de la fourchette. — Le cheval est boiteux au départ, il marche sur des épines ; puis, une fois échauffé, boite moins ou ne boite plus. La fourchette est maigre, remontée, les lacunes étroites, les quartiers droits, etc.

MAUVAIS APLOMBS.

Pied panard. — Pince tournée en dehors ; côté du dedans écrasé, faible.

Pied cagneux. — Pince tournée en dedans, côté du dehors moins évasé que sur un pied d'aplomb.

Pied pinçard (pied bot). — Beaucoup plus fréquent aux membres postérieurs. — Pince droite, appui sur elle.

Pied rampin. — Talons aussi hauts que la pince qui traîne en marchant.

Pied de travers. — Un côté du sabot est surchargé ; ce défaut vient souvent du maréchal qui a paré de travers.

PIEDS BLESSÉS OU MALADES. .

Fourbure. — Inflammation de la chair feuilletée de la pince et des mamelles. Nourriture trop forte, repas trop long, marches forcées. — *Aiguë* : Fièvre, sabots chauds, membres raides, marche pénible sur les talons ; peut entraîner le décollement, la chute des sabots. — Laisser le cheval ferré avec la moitié des clous ; faire marcher ; mettre à l'eau ; saignée au cou et aux ars ou aux saphènes ; — régime rafraîchissant. — *Chronique* : Suite possible de la fourbure aiguë ; entraîne de graves déformations du sabot (allongement de la pince) : kéraphyllocèle, fourmilière, croissant.

Pour les autres maladies du pied, voir question 56.

Cinquante-deuxième Question

DU FERRAGE. — Comprend diverses opérations dont le but final est l'application du fer sous le pied.

FORGES
> **Fixe ou de garnison.** — Le *mobilier de forge* comporte l'âtre avec ses accessoires, le soufflet, l'enclume, la bigorne à ajuster, le billot à contre-percer (affiloir), l'établi avec son étau, les casiers à fers.
>
> Les *outils de forge* sont les pelles, les tisonniers, les tenailles à mettre au feu et tenailles à main, les marteaux, les étampes, les tranches mobiles et à manche.
>
> **Portative ou de campagne.** — Le modèle actuellement employé est la forge dite d'escadron ou de batterie transportée dans le fourgon. — On trouve encore en usage l'ancienne forge du modèle Parrot sur quatre roues.

MATIÈRES PREMIÈRES

Charbon de terre ou houille, seul employé en maréchalerie; d'un beau noir velouté, brillant, formant au feu une voûte compacte. Vaut de 28 à 32 francs les 1.000 kilos.

Fer. — Le bon fer ou fer doux présente dans sa cassure des lames aplaties, fibreuses, mêlées de petits grains de couleur bleuâtre; il plie et ne casse pas.

En maréchalerie, on emploie :

Le fer neuf (lopins de 0^m,20 à 0^m,25 ou barres). — 17 à 25 francs les 100 kilos.

La ferraille (lopins bourrus, branlants, à coquille) provenant des déferres ou des débris de charronnage. — 10 à 14 francs les 100 kilos.

Clous.

Servent à fixer le fer sous le pied.

On y distingue :
> La *tête* (deux pyramides quadrangulaires tronquées et opposées par leur base.
>
> Le *collet* (sommet du tronc de la pyramide inférieure). Long, moyen ou court collet.
>
> La *tige* ou *lame* de 4 à 5 centimètres qui présente le *droit*, côté opposé au grain d'orge et *l'inverse*, côté du grain d'orge.
>
> La *pointe* (grain d'orge).

L'affilure consiste à raidir la tige et à donner à la pointe une direction inclinée sur une de ses faces.

Les différents clous en usage sont :

Le clou du modèle français ou clou ordinaire aujourd'hui généralement fabriqué à la mécanique en fer-blanc dit de Suède.

Le clou anglais (voir question 55.)

Le clou Charlier (voir question 55.)

Le clou à tête plate (pour vieux fers).

Les différents clous à glace (voir question 56).

OUTILS DE FERRURE.

Brochoir ou mailloche. — Marteau.

Boutoir. — Instrument tranchant servant à parer le pied.

Rogne-pied. — Fragment de lame de sabre servant à dériver les clous et à rogner l'excédent de la corne.

Tricoises. — Tenailles pour soulever le fer, arracher les souches, couper et river les clous.

Rape. — Lime à gros grains pour arrondir le bord inférieur de la paroi.

Repoussoir. — Poinçon pour repousser les vieilles souches, déboucher et élargir les contre-perçures.

Tablier de forge. — Ceinture de ferrage.

Boîte à ferrer.

Sacoches. — Un modèle a été proposé en 1891 pour remplacer le modèle du 19 août 1853 qui est lourd, encombrant. Il comprend une seule sacoche à droite faisant pendant à une poche à fers à gauche.

LEVÉE ET TENUE DU PIED POUR LE FERRAGE. — Devant. — Pour le pied gauche, le placer en face de l'épaule, poser la main droite au garrot, descendre la main gauche le long du membre; arrivé au canon, tirer franchement à soi pour lever le pied, faire un à droite en appuyant le genou du cheval sur la cuisse gauche et réunir les deux mains dans le pli du paturon.

Derrière. — Partir de l'épaule et aller sur la croupe en caressant franchement le cheval; pour le pied gauche, appuyer la main gauche à la croupe et descendre la main droite le long du membre jusqu'au paturon; soulever le pied, se tourner peu à peu à droite, la jambe du cheval légèrement appuyé sur la cuisse gauche; porter la main gauche au paturon en entourant le jarret du bras.

Agir toujours franchement, mais sans brusquerie ni violence.

FERRAGE DES CHEVAUX DIFFICILES. — Avant tout employer la douceur, la patience et du tact, ou caresser le cheval : prendre certaines précautions : couvrir la tête, ne pas atta cher le cheval, ferrer à l'écurie, ou en compagnie d'un autre cheval. Si ces moyens ne réussissent pas, **dresser le cheval pour le ferrage**; le maître maréchal calme le cheval en le tenant à la longe et en le massant avec le manche d'une chambrière jusqu'à ce qu'il supporte le contact, sans se défendre. Progressivement on arrive ainsi à lui lever les pieds; puis le ferreur simule l'opération du ferrage et enfin il ferre.

Lorsque tous les moyens ordinaires échouent, mais seulement alors. on peut employer divers **moyens de contrainte** : un *fort teneur de pieds* qui résiste aux défenses du cheval ; la *plate-longe* qui fixe le membre à la queue ou tient le genou plié; le *tord-nez* (à éviter); *mettre le cheval en cercle* pour l'étourdir; *serrer les oreilles*. En dernier ressort, on met le cheval au travail ou on l'abat; depuis quelques années, on recommande l'*électricité* (mors de Place); mais il faut en principe qu'aucun cheval ne nécessite le recours à une telle extrémité.

Mais tous ces moyens sont exceptionnels et ont en général pour résultat de rendre le cheval dangereux et définitivement inabordable. Le dressage méthodique pour les moyens de persuasion est la vraie méthode à recommander.

Cinquante-troisième Question

DE LA FERRURE. — Opération qui consiste à rogner avec méthode l'ongle du cheval pour y ajuster, à l'aide de clous, un fer en forme de croissant.

DESCRIPTION DU FER.

Lame métallique contournée, percée de trous, maintenue sur le pourtour inférieur du sabot à l'aide de clous.

Division. — Pince, mamelles, branches, éponges.

Faces. — Supérieure et inférieure.

Rives. — Externe et interne (la partie centrale de la rive interne s'appelle voûte).

Épaisseur. — Comprise entre les deux faces (calibre réglementaire qu'on ne doit pas dépasser).

Couverture. — Largeur comprise entre les deux rives (fer étroit ou dégagé, large ou couvert).

Tournure. — Courbure que l'on donne au fer pour s'adapter exactement au contour.

Ajusture. — Incurvation régulière et calculée de la face supérieure du fer pour éviter le contact avec la sole. Pour être bonne, le bord externe de la pince doit être relevé du tiers environ de son épaisseur, 3 à 5 millimètres, et il faut que les branches restent à plat (ajusture entolée, de bateau, de mulet, etc.).

Garniture. — Partie du fer débordant la paroi et élargissant la surface d'appui.

Étampures. — Trous carrés creusés à travers l'épaisseur du fer pour loger les clous (dans l'armée, au nombre de 6, 7 et 8 : un fer est étampé à gras ou à maigre).

Contre-perçures. — Petites ouvertures au fond des étampures pour livrer passage à la lame des clous.

Crampons. — Replis du fer levés en éponges; abandonnés pour la ferrure des chevaux de selle et de trait léger.

Mouche. — Petit crampon de forme carrée, levé à l'éponge du dedans (ferrure anglaise).

Pinçon. — Petite languette de fer levée en pince et quelquefois en mamelles ou même en branches sur les fers à caractère.

FER DE DEVANT. — Arrondi : branches égales, interne plus droite; couverture et épaisseur partout les mêmes; deux étampures en pince, les autres sur les branches également espacées et loin des éponges; celles du dedans plus à maigre que celles du dehors.

FER DE DERRIÈRE. — Forme ovale; épaisseur et couverture plus accentuées en pince et diminuant d'avant en arrière; branche interne plus étroite et plus dégagée que branche externe; pas d'étampures en pince; les dernières plus rapprochées des talons qu'aux fers de devant.

14

FERS DROIT ET GAUCHE. — Branche du dedans plus droite et étampée plus à maigre que branche du dehors. — (Fers symétriques interchangeables).

FERS A LA MAIN ET A LA MÉCANIQUE. — Pendant longtemps les fers ont été exclusivement forgés à la main. Les opérations de sa fabrication consistent à *dégorger* ou contre-forger le lopin avec les ferretiers ; à *monter à cheval* pour contourner le fer ; à *bigorner étamper, contre-percer, refouler les éponges*. — Aujourd'hui, dans un grand nombre d'ateliers, on a tendance à ne plus employer que des fers à la mécanique ; cette fabrication paraît devoir s'imposer dans l'armée, mais jusqu'ici on n'y a pas encore eu recours ; on est arrivé à en produire qui supportent sous tous les rapports la comparaison avec les fers à la main et reviennent à meilleur marché. Des usines existent un peu partout en France et à l'étranger et on songe à en installer dans les ateliers de l'artillerie à Bourges pour la constitution des approvisionnements de réserve de l'armée.

FERS DE COMPOSITION SPÉCIALE.

En fonte. — S'usent vite, cassure facile. Très mauvais.

En acier. — Très préconisés, mais trop cassants ; étant plus minces, ils permettent toujours d'assurer le contact de la fourchette avec le sol.

En aluminium. — Très léger, mais s'use trop vite ; ferrure de luxe, utile en certains cas (chevaux de courses).

Contre les glissades (voir quest. 55).

FERS EXCEPTIONNELS OU PATHOLOGIQUES : Tous ceux nécessités par des défectuosités ou maladies du pied, des défauts d'aplomb ou accidents de la marche.

Fer à planche. — Plus couvert et plus mince ; éponges réunies par une traverse plus large que les branches. S'emploie dans le cas de bleime, seime, talons serrés, faibles, etc.

Fer à éponges réunies. — A les éponges soudées ensemble pour former une sorte de palette qui porte sur la fourchette. Dérivé de l'antique fer marocain. Combat l'encastelure, les seimes (fers Dupont, Thory, Tolfumière).

Fer couvert ou demi couvert. — Fer qui présente un excédent plus ou moins considérable de largeur ou couverture sur tout son pourtour ou seulement en branches, en pince, ou en éponges, etc ; pour pieds plats, sensibles.

Fer pinçard. — Pince épaisse et très couverte ; pinçon large et haut ; étampures en branches : crampons élevés. Fer destiné aux pieds pinçards ou bots, plus fréquemment derrière.

Fer tronqués. — Dont la largeur ou la longueur sont diminuées ; fers tronqués en pince (pieds de derrière des chevaux qui forgent, qui peuvent s'atteindre, chevaux de steeple-chase) ; *fers tronqués en éponge et en voûte* (pieds de devant des chevaux qui forgent, qui se couchent en vache, qui se déferrent, etc.) ; *fers tronqués en branches* (fer à mamelle tronquée, à branche droite et sans étampures ; fer à la turque pour chevaux qui se coupent.

Fer à plaque. — Plaque de cuir ou de métal destinée à protéger la sole ou à maintenir un pansement. Plaque fixe (clouée avec le fer ou rivée au fer) ; plaque mobile (plaque Beaumont).

Fers désancasteleurs. — Ont pour but de combattre les différentes formes de resserrement du sabot.

1° Fers qui font participer la fourchette à l'appui et laissent leur liberté aux talons (fers Lafosse, Foret, Charlier, fers à planche ou à éponges réunies).

FERS EXCEPTIONNELS OU PATHOLOGIQUES (suite)

2° Fers à plans inclinés dilatateurs (fer à pantoufle, fer à pantoufle modifié ou à éponges obliques de Loutreuil); fer Watrin avec étau, fer Thévenot.

3° Fers désencasteleurs mécaniques, surtout utiles quand il y a pourriture de la fourchette et lacune médiane réduite à une fente. Tous genetés, c'est-à-dire pourvus en éponges d'oreilles qui agissent sur les barres et écartent les talons par l'intermédiaire d'un étau ou d'un ressort.

Fers Jarrier et étau, fers Delays et étau : fers à ressort; fers Beaufils et étau.

Fers à éponges nourries. — Pour les pieds à talons bas.

Fers à caractère. — Deux ou trois pinçons et étampures irrégulièrement distribuées (pieds dérobés).

Fers à tous pieds. — Susceptibles de s'appliquer indifféremment à un pied de devant ou de derrière, droit ou gauche (fers articulés en pince).

Cinquante-quatrième Question

FERRURE NORMALE. — SIGNES AUXQUELS ON RECONNAIT QU'UN CHEVAL A BESOIN D'ÊTRE FERRÉ. — Pieds devenus trop longs et ne faisant pas régulièrement leur appui; fers usés, en mauvais état et ne tenant plus au pied. Le renouvellement de la ferrure est de règle tous les trente ou quarante jours; pendant ce laps de temps, la paroi a poussé de 12 à 15 millimètres.

PRÉPARATION DU PIED ET DU FER

Commencer par déferrer en enlevant les clous un à un; examiner le pied et le vieux fer pour observer comment l'usure s'est produite.

Parer le pied au degré voulu et d'aplomb. — Opération par laquelle on raccourcit l'ongle avec le rogne-pied et le brochoir pour le mettre dans des conditions normales de longueur et d'aplomb. Un pied est bien paré lorsque le pied antérieur porte par tous les points de la paroi excepté la pince, et le pied postérieur par tous les points sur un plan parallèle à la face plantaire du pied vivant ou à la fourchette; lorsque, de plus, la longueur est bonne lorsqu'enfin on a enlevé les parties de sole écailleuses et à laissé intacts les arc-boutants, les talons et la fourchette. Imiter l'usure naturelle et faire en sorte que l'aplomb du pied ne résulte jamais du plus ou moins d'épaisseur d'une région quelconque du fer.

Choisir et préparer le fer. — Prendre un fer en rapport avec les dimensions du pied auquel il est destiné et lui donner définitivement la **tournure** (sur la bigorne en tenant le fer incliné pour arrondir l'arrête inférieure de la rive externe); donner la **garniture** (qui part de la mamelle externe et du quartier interne et augmente progressivement jusqu'aux talons) et l'**ajusture** (en prenant successivement le fer par l'une et l'autre éponge et en frappant à faux en pince, puis progressivement à plat vers les branches).

PRÉPARATION DU PIED ET DU FER (suite) . .

Essayer le fer et le rectifier. — Appliquer le fer au rouge cerise un instant sur le pied et corriger le fer après avoir étudié la façon dont il porte ; *blanchir* ou *niveler* ensuite le pied dont l'application du fer chaud a signalé les inégalités, puis **faire porter** définitivement le fer sans lui laisser le temps de brûler la sole et sans enlever la couche de corne carbonisée.

Déboucher le fer (contre-perçures) après l'avoir refroidi dans l'eau.

Donner le fil d'argent. — Coup de lime au poinçon, au bord supérieur de la rive externe de la branche du dehors, au bord inférieur de la rive externe de la branche du dedans.

FIXER LE FER. . . .

Brocher les clous. — En les implantant perpendiculairement à la surface du fer, parallèlement les uns aux autres, de façon à ce qu'ils prennent les fibres de la corne en écharpe et à les faire sortir de la paroi à égale et convenable hauteur [1/3 inférieur] (*brocher en musique, trop à gras, trop à maigre*). Ordre : les deux clous de pince puis les deux de talons en commençant par celui du dehors, vérifier si le fer a bougé puis brocher les autres clous (chevaux qui *comptent*).

River les clous. — *Replier les clous, serrer les clous* (en appuyant le mors des tricoises sous le fer puis sous les rivets) ; *couper les clous, dégager les rivets* avec le rogne-pied et les *incruster* dans la paroi.

Le pied étant à terre, *rabattre le pinçon*, puis *donner un léger coup de râpe* du fer aux rivets et *faire trotter* le cheval.

CONDITIONS D'UNE BONNE FERRURE .

Au point de vue manuel. — *Au poser* : côtés du sabot égaux ; pinçon au milieu du fer devant, un peu en dedans derrière ; épaisseur du fer de devant partout égale ; fer de derrière un peu plus épais en pince ; rivets à égale hauteur et incrustés dans la paroi ; fil d'argent bien tracé sans exagération.

De profil : pince courte, droite du bourrelet aux rivets, arrondie à partir des rivets.

Derrière : talons à la même hauteur, bien couverts par les éponges qui sont arrondies.

Au lever : examiner successivement à chaque pied chacun des points de la ferrure : couverture, ajusture, tête de clous, rivets, aplombs, etc. ; vérifier l'état de la sole et de la fourchette. Comment juger l'aplomb.

Au point de vue physiologique. — Ferrure bien appropriée au sabot et mettant le pied du cheval dans les conditions les plus naturelles possibles ou en corrigeant les imperfections ou défauts autant que faire se peut.

Au point de vue économique. — Exécution rapide, facile, durable, peu coûteuse, peu pénible pour l'ouvrier (avantages des procédés mécaniques).

ACCIDENTS POUVANT ARRIVER PENDANT L'OPÉRATION. — **Piqûre, pied serré par les clous, enclouûre.** — Ordinairement révélés par le mouvement du retrait brusque du pied au moment même, quelquefois douleur et boiterie plusieurs jours après seulement.

Retraite. — Division d'un clou pailleux, en deux fragments dont l'un pénètre dans la chair.

Sole comprimée par le fer. — Rectifier l'ajusture.

Coups de rogne-pied ou de boutoir. — Ferrer à froid sans faire porter le fer sur la région lésée.

Sole chauffée ou brûlée. — Détermine souvent suppuration ou décollement de la sole : cataplasmes, bains, étoupade goudronnée maintenue par un fer à plaque.

HYGIÈNE DES PIEDS FERRÉS ET DÉFERRÉS. — Préserver vaut mieux et est plus facile que guérir.

Moyens naturels. — Surveiller l'aplomb et la longueur du pied, laisser le pied fort, respecter le vernis de la paroi du dessus des rivets, visiter souvent la ferrure et porter une attention spéciale sur la fourchette; déferrer les chevaux dès que les fers ne sont plus indispensables.

Moyens artificiels. — En *faisant les crins*, ne pas toucher à ceux qui recouvrent et protègent le bourrelet.

Laver et nettoyer les pieds sans employer la brosse en chiendent.

Graisser fréquemment (onguent thérapeutique composé de térébenthine, axonge et cire : onguent hygiénique composé de graisse et de goudron de bois); le premier est préférable.

Tamponner les pieds (étoupes, feutres, enduits de goudron de Norvège, de terre glaise, de mousse, etc.).

Entretien de la fourchette (eau blanche, liqueur de Villate).

Séjour dans les prairies humides ou *stabulation sur une couche de terre glaise détrempée*.

Frictions journalières sur le bourrelet avec le Hoof Regenerator.

FERRURE A FROID .

Réglementaire de 1845 à 1854; consiste à appliquer le fer sans le chauffer : utilement employée en manœuvres, en marche, en campagne; nécessité d'avoir des maréchaux exercés à ce genre de ferrure. Il faut trouver un fer pour le pied et non préparer le pied pour le fer : mesurer le pied avec feuille de papier ou brin de paille en croix : podomètres Mooser, Riquet, Ravoux, Boufleau, Everloff.

Avantages. — Évite le bruit de la forge (chevaux impressionnables), les brûlures (pied délicats, à corne trop mince); manœuvres et campagne.

Inconvénients. — Moins solide; contact du fer moins assuré: plus longue et plus difficile à exécuter.

Cinquante-cinquième Question

FERRÜRES A GLACE ET CONTRE LES GLISSADES.

A. FERRURES CONTRE LES GLISSADES SUR TOUS LES TERRAINS

Fers en substance molle (bois, corne, caoutchouc, cuir, liège, papier pressé, celluloïde, etc.). — Peu pratiques, trop fragiles, trop chers.

Appareils en substances molles ou en bois adaptés aux fers. — Crampons en caoutchouc, en éponges; corde goudronnée ou boudin de caoutchouc incrustés dans gorge de la face inférieure du fer.

Patins en caoutchouc. — Appliqués sous la face plantaire du pied (patin hanovrien, fourchette Lacombe, semelle de paille ou patin Grœnfeld en usage dans l'armée allemande).

Fers incrustés dans la paroi. — Participation de la fourchette à l'appui (Lafosse, Charlier, Paretier).

Fers dentés à saillies et évidements, etc. — Fabriqués en Angleterre, Amérique et Italie.

B. FERRURES A GLACE PROPREMENT DITES.

1° **Fixe**. — Crampons fixes ou grappes rectangulaires ou prismatiques : réglementaire dans l'armée de 1876 à 1885, utilisée encore dans l'Est et dans le Nord ; juchent sans nécessité le cheval d'une façon permanente, faussent les aplombs.

2° **Mobile**. — La seule pratique permettant de renouveler les appendices et de les retirer pendant le dégel : la recherche de la meilleure ferrure à glace a donné lieu à un nombre considérable d'inventions que l'on peut diviser en six systèmes :

a) *Appareils mobiles fixés au fer*. — Lourds, peu pratiques, impossibles pour d'autres chevaux que ceux de gros trait.

b) *Crampons superposés ou médiats*. — Simples, mais peu solides.

c) *Clous à glace brochés*. — Vieux système, détériorant le pied.

d) *Clous-rivets ou demi-lame du système Delpérier*. — Clou Lepinte réglementaire dans l'armée de 1885 à 1887. Clou de Paris ou clou demi-lame.

e) *Crampons à vis*. — Crampon du comte de Charollais, du colonel de Benoist. Crampon réglementaire actuel, dont on a varié à l'infini la forme de la tête, du tenon et le mode d'adaptation au fer. La meilleure vis est tronconique et le meilleur crampon a la tête tronc-pyramidale.

b) *Crampons-chevilles* enfoncés dans une alvéole lisse : elles sont simples (systèmes Judson, Dominick, Fumet, Aureggio, etc.); à bec (Laquerrière, Chomel); à clavette (crampon Masquelier); à ressort (Quetin, Bloch, Aureggio); moins solides, moins faciles à placer et retirer que les vis.

FERRURE A GLACE RÉGLEMENTAIRE DANS L'ARMÉE. — Crampon en acier à vis tronconique, largement fileté, à tête carrée, sans épaulement (16 mars 1891); il y a quatre mortaises d'attente par fer : deux en éponges, et deux en mamelles (29 avril 1893).

Trousse et clef. — Un étrier sur deux est aménagé en clef pour cramponner et décramponner.

Les maréchaux, les brigadiers et sous-officiers, les ordonnances d'officiers montés dans l'infanterie sont porteurs d'une clef spéciale en forme de T présentant aux extrémités une pointe, une sorte de tire-bouchon et un taraud.

Confection en treillis ou en basane d'une trousse par harnachement (20 clous à ferrer et 16 crampons à glace).

FERRURES SPÉCIALES.

Ferrure anglaise. — Le maréchal tient le pied et ferre sans le secours d'aucun aide.

Fer de devant. — Également couvert et épais, excepté en éponges qui sont plus étroites et plus épaisses : face inférieure creusée d'une *rainure* dans laquelle se loge la tête des clous : ajusture prise aux dépens de l'épaisseur (siège, talus).

Fer de derrière. — Plus couvert et épais en pince qu'en branches : la branche externe plus couverte et plus longue que la branche interne est terminée par un crampon ou épaississement progressif de la branche interne.

Clous. — Long collet s'élargissant en manière de coin et terminé par une tête tronc-pyramidale qui disparaît dans la rainure.

Instruments. — Brochoir, petit rogne-pied dérivoir, râpe et couteau anglais (drawing knife).

Ferrure facile, élégante et solide : économie d'un homme; épaisseur du fer peut nuire à l'élasticité du sabot : difficulté de redresser les aplombs défectueux à cause de l'absence de garniture.

Ferrure Charlier (ferrure périplantaire). — Faire participer la sole et la fourchette à l'appui comme à l'état nature en laissant à la sole toute son élasticité.

Fer. — Étroit aussi épais que large; tournure exacte du pied; s'incruste dans la paroi : face supérieure plus étroite que face inférieure : six, sept ou huit étampures ovalaires contre-percées obliquement.

Clous. — Tête allongée et ovalaire qui disparaît dans l'étampure.

Instruments. — Boutoir Charlier portant au-dessous de la lame un guide régulateur pour faire la rainure qui ne doit pas dépasser la moitié de l'épaisseur de la sole. Remplacé avantageusement par deux rogne-pieds coudés.—Surtout appliquée aux pieds antérieurs, cette ferrure unit la légèreté à la solidité, prévient et guérit l'encastelure, convient aux pieds combles, à talons bas et serrés; ferrure essentiellement conservatrice mais un peu coûteuse; s'use trop vite et nécessite un outillage spécial. Il est préférable d'employer les fers Charlier en acier pour plus de durée sans excès d'épaisseur.

Ferrure Poret. — Basée sur la nécessité de l'appui de la fourchette et de sa conservation intégrale. — Épaisseur et couverture diminuent de la pince aux éponges : tournure uniforme, garniture supprimée (fers interchangeables). — Employés à la Compagnie générale des Omnibus, ils donnent plus de stabilité sur le pavé et les terrains glissants.

Ferrure sans clous. — Principe des *solea* antiques : ferrure d'exception manquant de solidité, réservée pour les sabots dans lesquels l'application des clous est nuisible ou impossible.

Essais de collage des fers aux pieds (brevets Watner, Pavajeau, Prince et Piau).

Angleterre. — Fers rainés, étroits et épais, presque tous mécaniques. Mêmes règles d'application qu'en France, sauf pas de teneur de pied. Dans l'armée on a pendant un certain temps employé des fers non rainés. Actuellement, on emploie le fer de Fleunay, rainé, sans ajusture ou à peu près, tronqué en voûte, éponges en saillie aux fers postérieurs.

Allemagne. — Fer anglais, rainé en branches, souvent muni de hauts et forts crampons fixes.

Ferrure à glace militaire : cheville Dominick et vis.

Russie. — Caractérisé par l'existence permanente de crampons et grappes : fers forgés d'avance et appliqués à froid. Ferrure à glace à vis pyramidales ou en obus.

Italie. — Ferrure peu uniforme, à la française ou à l'anglaise, emploi contre les glissades de fers à saillies et évidements et de fers creusés en éponges d'une mortaise dans laquelle on introduit un bout de corde.

Peuples de l'Orient. — Ferrure intermittente (nature du terrain); en général fer très couvert, éponges réunies (fer marocain). Les Arabes ne parent pas le dessous du sabot. — Pas d'étampure en pince qui est peu arrondie.

Amérique. — Fers de Dunbard et Goodenough semblables aux fers anglais; fabriqués à la mécanique en fonte de fer malléable.

Cinquante-sixième Question

FERRURES DES CHEVAUX DES DIFFÉRENTES ARMES ET SERVICES

Gros trait. — Fers plus épais et couverts (fers Porct) : crampons levés aux quatre fers ; clous de talons pour prévenir les glissades.

Trait léger. — En rapport avec la taille et les allures : pour les chevaux d'attelage rapide, fers assez épais et peu couverts à la pince de derrière ; fers postérieurs cramponnés.

Selle. — Ferrure plutôt dégagée et légère que couverte et lourde. Ferrure de chasse : pince et voûte postérieures tronquées ; éponges arrondies et biseautées ; plaque sur la sole qui doit être le plus épais possible. — Ferrure de courses aussi légère que possible (aluminium) ; avantage de déferrer les chevaux de courses.

Poulains. — Le plus légèrement possible quand on y est forcé ; surveiller les aplombs, rechercher la docilité au ferrage.

Armée

FERRURE COURANTE. — D'été ou d'hiver (mortaises d'attente) ; dimensions maxima fixées par la décision ministérielle du 27 avril 1870 et vérifiées avec calibre pour chaque arme.

FERRURE DE RECHANGE. — Chaque cheval doit posséder une ferrure complète ajustée et matriculée, remplacée tous les trois mois.

FERRURE DE RÉSERVE. — En magasin par caisse de 25 ferrures : surtout réservée aux chevaux de réquisition.

FERRURE DES PIEDS DÉFECTUEUX

Défaut de volume

PIEDS TROP GRANDS. — Pince relevée, couverture proportionnée à la grandeur du pied.

PIEDS TROP PETITS. — Fers légers, clous à lame mince ; bon entretien du pied ; garniture.

PIEDS INÉGAUX. — Ferrer le plus petit selon son resserrement (voir question 53).

Mauvaise qualité de la corne.

PIEDS GRAS OU MAIGRES. — Parer avec précaution, respecter la sole, éviter le contact du fer chaud.

PIEDS DÉROBÉS, A PAROIS SÉPARÉES. — Ferrer à froid : fer demi-couvert à étampures irrégulières.

PIEDS CERCLÉS. — Soigner le pied et ferrure selon la cause.

Mauvaise conformation

PIEDS PLATS. — Respecter la sole : fer mince, assez léger, couvert, ajusture anglaise.

PIEDS COMBLES. — Fers couverts avec forte ajusture : plaque de cuir.

PIEDS A OIGNONS. — Fers couverts avec forte ajusture en face de l'oignon.

FERRURE DES PIEDS DÉFECTUEUX (suite).

Mauvaise conformation (suite) . . .

PIEDS A TALONS HAUTS. — Parer le pied d'aplomb sans chercher à mettre les talons au niveau de la fourchette : fers à éponges amincies ou Lafosse.

PIEDS A TALONS BAS. — Ménager les talons : ferrer un peu long avec des éponges couvertes.

PIEDS ENCASTELÉS, A UN QUARTIER CHEVAUCHANT. — Emploi des fers désencasteleurs (voir question 53).

Aplombs défectueux. .

PIEDS PANARDS, CAGNEUX. — Ne pas chercher à rectifier dans le pied un défaut d'aplomb du membre : parer rigoureusement d'aplomb et prendre des précautions pour éviter les atteintes et les coupures.

FERRURE DES PIEDS MALADES. . . . .

Pied fourbu. — Raper la paroi de pince; abattre à plat les talons pour combattre la bascule de l'os du pied; fer léger et couvert surtout en pince; clous minces brochés sur les côtés, goudronner la sole.

Fourmilière. — Cavité noire dans le sabot contenant du sang ou du pus desséché : fourmilière de la sole; amincir la corne, fer à plaque.

Bleime. — Meurtrissure du talon; très souvent symptôme de l'encastelure.

Sèche. — Sans gravité; éviter l'appui immédiat du fer sur le talon; employer une ferrure à éponge couverte ou un fer à planche.

Humide (suintement noirâtre à travers la corne). — Fait généralement boiter; amincissement de tout le talon; goudronner, panser, fer à planche avec étoupade.

Suppurée (présence de pus sous la corne). — Abattre à plat et de court le talon bleimeux, amincir tout autour des parties décollées; fer léger à quatre clous; pansement antiseptique, puis plus tard étoupe, goudron et fer à planche.

Seime. — Fente de la paroi (en pince, quarte ou en barres); peu d'épaisseur de la paroi, corne sèche, chevaux habitués à des terrains doux. — Amincir la paroi; immobiliser les lèvres de la fente par des bandages ou des sutures (agrafe Vachette, clous brochés dans l'épaisseur de la paroi) et surtout entretien du pied pour activer la sécrétion cornée : fer à deux pinçons en mamelle, pour la seime en pince; fer à planche pour seime quarte, ou fer marocain, ou fer désencasteleur.

Maladie naviculaire. — Synovite de la petite gaine sésamoïdienne : névrotomie (question 32).

Javart. — Furoncle du bourrelet qui amène le décollement de la paroi. — *Bourbillon*, morceau de chair mortifiée qui doit être éliminé : couper les poils, amincir la paroi, enlever la corne décollée, bains, cataplasmes, goudrons. — *Javart cartilagineux* : carie d'un des cartilages du pied (fistules à la couronne).

Crapaud. — Eczéma de la face inférieure du pied qui apparaît sur la fourchette et s'étend sur la sole et les talons en les décollant et en désorganisant la corne; suppuration. — Traitement long et compliqué, fer à plaque mobile ou à éclisses pour le pansement.

Fourchette échauffée ou pourrie. — Dartre humide de la chair du pied (décollement de la fourchette) : laver, désinfecter, enlever les parties décollées, panser avec liqueur de Villate ou goudronner, fer à éclisses pour pansement.

ACCIDENTS DU PIED

Atteinte encornée. — Laver, enlever la corne décollée, goudronner.

Accidents de ferrure. — Bains, cataplasmes, fer léger; retirer la moitié des clous.

Blessures plantaires pénétrantes (clou de rue, tacot, etc.). — Blessures faites aux tissus sous-cornés par des corps étrangers qui ont traversé la sole ou la fourchette: gravité relative selon la situation de la blessure. Retirer le corps, déferrer, amincir autour de la blessure, pansement et bain de pied antiseptiques au sulfate de cuivre, referrer à plaque avec goudron et étoupe.

DÉFECTUOSITÉS DE LA MARCHE

Cheval qui se croise. — Fer juste en dedans; pas de crampons derrière.

Cheval qui bute. — Parer la pince; ménager les talons; clous à petite tête.

Cheval qui fauche. — Souvent défaut du cheval cagneux : garniture en dehors.

Cheval qui forge. — Derrière, fer à pince tronquée; devant, parer la pince et ménager les talons, fer à voûte tronquée, à éponges tronquées.

Cheval qui se coupe. — Chercher avec de la craie ou du goudron la partie du fer ou du sabot qui touche l'autre; diminuer cette région et appliquer un fer tronqué au point correspondant en mettant bien d'aplomb.

Utilité des appareils de protection : protecteurs Lacombe, Ducasse, Bellamy, guêtres, bracelets, guêtres à la marchande, etc.

HABITUDES VICIEUSES

Chevaux qui se couchent en vache (éponge). — Fers à éponges tronquées; protecteurs Bellamy ou Barrière; bracelet de paille.

Chevaux qui se croisent à l'écurie. — Fer sans crampons; éponges arrondies et tronquées.

Chevaux qui mettent le pied dans la mangeoire. — Fer ordinaire à éponges tronquées ou amincies.

FERRURE DU MULET. — Le sabot du mulet est plus haut, surtout en talons, plus long que large, resserré; paroi mince en quartiers; sole creuse.

Couverture et épaisseur du fer assez fortes en pince et en mamelles, diminuant vers les éponges : étampures percées plus à gras que sur le fer du cheval à cause de la garniture. Dans le ferrage on tronque davantage la pince.

Même ferrure à glace que pour les chevaux. Dans l'armée il y a deux calibres de fers, celui pour mulets de trait et celui pour mulets de bât.

HYGIÈNE ET RACES

Cinquante-septième Question

L'hygiène hippique est la science de la santé et de la bonne utilisation du cheval.

INFLUENCE DE L'AIR.
Elle est due à différents états ou différentes propriétés de ce fluide qui constitue notre atmosphère.

Pureté. — Avant tout l'air doit être *pur* et, autant que possible. vif et sec. L'atmosphère maritime exerce une heureuse influence sur l'organisme.

Densité. — L'air dense (des montagnes) est tonique, bienfaisant, tandis que l'air raréfié (régions élevées de l'atmosphère) déprime l'organisme, accélère la respiration et la circulation.

Température. — La température atmosphérique moyenne favorise toutes les fonctions (12 à 15°). Les deux extrêmes sont nuisibles, mais l'extrême chaud plus que le froid. — Soins à prendre contre les deux extrêmes.

Humidité. — Effets débilitants, prédisposition aux maladies : augmenter la ration d'avoine; soustraire, autant que possible, les chevaux aux effets de l'humidité.

Agitation. — Les vents modérés mélangent les couches d'air, renouvellent celui-ci et sont favorables. — Les vents déchaînés, ceux qui traversent des marais ou autres milieux empestés, le sirocco, etc., incommodent les animaux; on doit les y soustraire.

Électricité. — Soustraire aux orages : l'air chargé d'électricité est lourd.

Lumière. — Influence sur l'œil : chevaux peureux; incendies. — La lumière exerce son action bienfaisante directement et par les plantes fourragères qu'elle tonifie.

Altérations diverses (miasmes, gaz étrangers, corpuscules en suspension). — Viciation par agglomération des animaux. — Propreté, aération des écuries et locaux avoisinants.

INFLUENCE DES CLIMATS.

Climats chauds. — Chevaux de petite et moyenne taille ; secs, distingués, énergiques.

Climats froids. — Chevaux petits, robustes et résistants (Écosse, Finlande, etc.).

Climats tempérés. — Chevaux de taille élevée, forts, bon tempérament.

INFLUENCE DES CLIMATS (suite).

Régions climatoriales ou agricoles de la France

a) CLIMAT MÉDITERRANÉEN (région de l'olivier). — Chevaux plutôt petits (Camargue).

b) CLIMAT OCÉANIQUE (*région des pâturages*). — Flandre Picardie, Basse-Normandie, Bretagne, Vendée chevaux forts, élégants, n'acquérant que tard tout leur développement.

c) CLIMAT DES PLATEAUX (région des céréales). — Haute-Normandie, Champagne, Ile-de-France, Lorraine, bassin de la Garonne, Nivernais, Bourgogne : chevaux de bon tempérament, robustes, résistants.

d) CLIMAT DES COTEAUX. — Pied des Pyrénées, des Alpes, des Vosges : peu intéressant au point de vue de la production du cheval.

e) CLIMAT DES MONTAGNES (pelouses et forêts). — Production chevaline restreinte.

INFLUENCE DU SOL. — Le plus favorable à la production et à l'élevage du cheval est celui qui réunit le sable à l'argile et au calcaire (Merlerault, Beauce, Nivernais, pays de Tarbes, Limousin).

INFLUENCE DES LOCALITÉS. — Contribuent à donner et à conserver aux races de chevaux leurs caractères. — Agissent à la fois par le climat, la nature et la configuration du sol, etc.

INFLUENCE DES SAISONS

Printemps. — Favorable aux chevaux : mise bas des poulinières, vert, routes ni trop dures ni trop détrempées.

Automne. — Précautions à prendre à cause des alternances de chaud et de froid ; émanations provenant des chaleurs de l'été. — Sol parfois glissant.

Été. — Epoques de fatigues (mouches, chaleurs, soif, routes dures, eaux impures).

Hiver. — Soins et précautions à prendre contre le froid ; sol glissant.

CONDITIONS D'INSTALLATION D'UNE BONNE ÉCURIE . . . . .

Doit être construite assez en contre-haut pour favoriser l'écoulement des liquides, sur un emplacement suffisamment aéré, sur un terrain salubre, siliceux ou calcaire, à proximité de l'eau nécessaire.

Orientation des principales ouvertures : est-ouest préférable à nord-sud en général.

Dimensions. — Hauteur : 5 mètres. Largeur dans l'armée : $1^m,45$ à $1^m,50$. Il faudrait avoir une largeur égale à la taille du cheval. Longueur : 4 mètres, plus $1^m,50$ à 2 mètres derrière. — Ces dimensions assurent 45 mètres cubes d'air environ par cheval, ce qui est un minimum.

Sol. — Doit être sec, présentant au plus 1 à 2 centimètres par mètre de pente pour l'écoulement des urines. — Un sol absolument horizontal avec rigoles en pente est préférable ou bien un sol horizontal à drains métalliques (système Basserie).

Terre nue ou macadam (confort et salubrité insuffisants); *béton, pavage* (économique et durable, le plus répandu, se déforme : le pavage en briques de champ, préférable, coûte trop cher); *carrelage en grès céramique* (trop cher); *asphalte ou bitume* (glissant, se déforme); *ciment strié sur béton* (bon, résistant, mais trop glissant); *pavage en bois* (trop perméable).

CONDITIONS D'INSTALLATION D'UNE BONNE ÉCURIE (suite) . . .

Plafond. — Formé par couverture directe des bâtiments ou plancher des magasins ou habitations : nécessite toujours un enduit de plâtre ou tout au moins voligeage sous la toiture.

Ouvertures.

PORTES. — $1^m,50$ sur $2^m,50$: les faire ouvrir en dehors : angles arrondis, rouleaux tournants.

FENÊTRES. — Plutôt nombreuses que grandes, pas au-dessus de la tête des chevaux.

CHEMINÉES D'APPEL. — Nécessaires dans des écuries insuffisamment percées. — Très bonnes partout : favorisent beaucoup le renouvellement incessant de l'air sans occasionner de froid sensible.

BARBACANES. — Ventouses au ras du sol : à peu près abandonnées.

Mobilier intérieur . .

MANGEOIRES. — En *bois* (difficiles à entretenir ; doivent être doublées et bordées de métal). En *pierre* (très propres mais trop petites dans l'armée). En *fonte émaillée* (les meilleures). — Elles doivent avoir environ $0^m,70$ de long, $0^m,35$ de profondeur, $0^m,45$ d'ouverture et être à $1^m,10$ au-dessus du sol.

MOYENS D'ATTACHER. — La glissoire d'attache utilisée dans l'armée est mauvaise : l'anneau médian est préférable ; deux cordes ou longes glissant dans des gaines (écuries de luxe). — Le croissant serait préférable au T.

RATELIERS. — En fer plutôt qu'en bois : avantage du râtelier individuel près de la mangeoire : sinon vertical à $0^m,30$ ou $0^m,40$ au-dessus des mangeoires.

COFFRE A AVOINE. — Bien clos; ni contre le mur, ni directement sur le sol; compartiments de préférence en tôle galvanisée pour éviter les rongeurs, l'humidité et l'odeur d'écurie.

ACCESSOIRES D'ECURIE. — Pelles, fourches, balais, vanettes, seaux, baquets, civières, civières-traîneaux (excellentes).

Séparation. — *Bat-flanc* (bruyant, lourd, cause d'accidents) : *barre de bois ou de fonte* (Allemagne, Belgique, Autriche, Angleterre); *stalles* mobiles ou fixes (écuries de luxe).

Les écuries ont comme annexes les magasins à fourrages, les selleries, les abreuvoirs et les dépôts à fumier.

TYPES D'ÉCURIES — Écuries sans séparations (peu recommandables); écuries à barres ou bat-flancs ; écuries-stalles ; box. — Dans l'armée : *écuries Vauban*, basses, sombres, exiguës, aération difficile ; *écuries Oudinot* (1840), plus hautes, plus spacieuses, mieux aérées, mais comportent encore le logement des hommes au-dessus ; *écuries-gares* (1862), sans logement pour les hommes, (Denain à Saumur), claires, bien aérées ; *écuries-docks* adoptées comme type par décision ministérielle du 4 décembre 1889 (Bac-Nink et Isly à Saumur), composées de formes juxtaposées ; aération excessive; trop froides en hiver, trop chaudes en été; demanderaient voligeage et plafond sous toiture.

Aération et lumière. — Continue, permanente (service intérieur).

Température. — Maintenue constamment à une moyenne de 10° à 12° de telle sorte que le cheval éprouve un bien-être en y entrant. Doit être propre, abondante et permanente :

TENUE DES ÉCURIES .

Litière (différentes sortes). constituée de *paille*, de *tourbe*, de *bruyère*, de *sciure de bois*, de *copeaux*, de *feuilles*, d'*herbes marines*, de *sable*, d'*alpha*, etc. Allocation de 5 kilos de paille de litière par cheval arrivant dans une garnison.

Éclairage. — Lanterne Aureggio : il est interdit de se servir de pétrole ou de gaz. (Électricité.)

Désinfection. — A l'époque des manœuvres et aux changements de garnison, enlèvement de la litière, grattage, lavage à grande eau et à l'eau phéniquée, combustion de soufre, blanchiment à la chaux.

CANTONNEMENT. — Logement en route, manœuvres ou campagne dans les bâtiments disponibles des localités où on séjourne (écuries, hangars, granges, etc.) : 1 mètre de largeur sur 3 mètres de long.

BIVOUAC. — Installation des chevaux en plein air; à éviter autant que possible. — *Bivouac à la corde* (par la tête ou par le pied). *Bivouac batoriané* (deux chevaux côte à côte et tête à queue); *anneau de bivouac italien*.

Cinquante-huitième Question

DE L'ALIMENTATION. — Étude des liquides et des solides qui doivent servir à l'entretien de la machine animale.

VALEUR NUTRITIVE DES ALIMENTS. — Les aliments se composent de matières *albuminoïdes* (sang et tissus), *hydrocarbonées* (chaleur et force), *graisseuses* et *minérales* (indispensables aux sécrétions). La *valeur nutritive* dépend de la composition chimique, surtout de la richesse en azote ou principes albuminoïdes et de la digestibilité.

DIGESTIBILITÉ. — Aptitude des aliments à subir l'action des sucs digestifs : varie suivant l'époque de la récolte, la composition et la préparation des aliments (graines plus digestibles que fourrages), l'aptitude digestive des animaux, le travail auquel ils sont soumis.

RELATION NUTRITIVE. — Rapport entre matières azotées et matières non azotées. Plus ce rapport est étroit, plus la relation nutritive est élevée.

ÉQUIVALENTS NUTRITIFS. — Quantité en poids sous laquelle un aliment peut se substituer à un autre : (se baser sur ce principe et non sur les équivalences de prix pour les substitutions). La *substitution* est le remplacement en totalité ou en partie d'un ou de plusieurs aliments de distribution par une substance alimentaire n'entrant pas normalement dans la ration journalière du cheval de troupe (foin artificiel, son, farine d'orge, vert, etc.).

COMPOSITION DE LA RATION DES CHEVAUX DE GUERRE. — *Ration* : quantité de nourriture consommée par un cheval pendant les vingt-quatre heures.

Doit être saine, assez copieuse pour remplir les viscères digestifs, composée d'aliments riches en principes nutritifs (base invariable : 1 pour 100 du poids vif en bon foin ; avoine, aliment par excellence doit former le fond de la ration.

Variabilité. — Pour être rationnelle, la ration doit varier avec la taille, le poids, l'âge, les saisons et surtout le travail.

La *ration simple* se compose d'une seule substance (circonstances exceptionnelles) : il faudrait 8 kilos d'avoine, ou 16 kilos de son, ou 32 kilos de paille. — La ration *combinée*, administrative ou normale se compose de trois aliments : avoine, son, paille.

			Pied de paix	Pied de guerre
Cavalerie de réserve	F.	—	3.500	3.500
	P.	—	4	2.500
	A.	—	5.250	5.750
Cavalerie de ligne et artillerie	F.	—	2.500	2.500
	P.	—	3.500	2
	A.	—	5	5.500
Cavelerie légère	F.	—	2.500	2.500
	P.	—	3.500	2
	A.	—	4.500	5

RÉPARTITION DES REPAS. — Indépendance relative des capitaines commandants dans l'armée. — Généralement le quart de la ration de foin au réveil, puis deux repas dont logiquement le dernier est le plus copieux. — Abreuvoir avant l'avoine. — Ne pas partir à jeûn ni de suite après un repas.

FOURNITURE DES FOURRAGES A L'ARMÉE

Entrepreneurs à la ration. — L'entrepreneur passe un marché avec l'administration à la suite d'une adjudication publique.

Cahier des charges. — Renouvelé chaque année et inséré au *Bulletin officiel*. — Définit les qualités que doivent présenter les denrées, les conditions de refus et les pénalités édictées contre le fournisseur.

Visites des magasins. — *Mensuelles* (de vérification) par une commission spéciale et *inopinées* par les fonctionnaires de l'intendance.
Toute distribution est reçue (qualité et poids) par un officier, dont le zèle et la clairvoyance sont la plus sûre garantie de la qualité et de l'exactitude des fournitures.

SUBSISTANCE DES CHEVAUX EN CAMPAGNE. — En principe, la cavalerie devrait vivre sur le pays. Indépendamment des approvisionnements des garnisons, il existe des approvisionnements des magasins centraux ou généraux à proximité des frontières.

Cinquante-neuvième Question

DE L'AVOINE. — Plante de la famille des graminées, cultivée spécialement pour son grain. — Le plus important des aliments du cheval ; elle renferme des matières azotées, de l'amidon, des corps gras, des sels, de la dextrine ; elle est nécessaire aux poulains pour les développer, au cheval fait pour l'aider à supporter le travail (ration proportionnée au travail, de 6 à 20 litres)

V ariétés françaises et étrangères. — *Avoines blanches, grises, noires, jaunes*, etc. *Avoines de printemps* (préférables pour les poulains : plateau central et plaines du Midi) et *avoines d'hiver* (zône maritime de l'ouest ; plus lourdes et plus farineuses que les avoines de printemps).
    Avoines de Russie (légères, ordinaires, lourdes), ordinairement blanches, rarement noires. Grain allongé, dur, mastication pénible. — *Avoine de Suède et Norvège* (blanche ou noire). — *Avoines noires de Belgiques*. — *Avoines d'Allemagne*, etc., en général moins nourrissantes, plus longues à mastiquer.

Caractères physiques d'une bonne avoine. — Grains renflés, lourds, luisants, bien secs, glissant facilement dans la main : rendant un bruit sec en tombant ; bonne odeur ; pas de poussière ; saveur agréable et farineuse, écorce mince ; amande blanche.

Décortication (à la main ou avec une pince d'horloger). — Opération permettant d'apprécier la valeur nutritive de l'avoine : classification de M. le vétérinaire principale Charon.

64 pour 100	d'amande, médiocres	70 à 75 pour 100	Bonnes
65 à 70 pour 100	— assez bonnes	75 à 80 pour 100	Très bonnes

Valeur à accorder au poids spécifique. — C'est par la composition chimique de l'avoine et non par son poids spécifique que l'on détermine sa valeur nutritive. Toutefois, au-dessous d'un poids minimum (45 kilos), la composition est toujours pauvre. Mais de 88 à 152 kilos, ce peut être la plus légère la plus nutritive.

Distribution et préparations de l'avoine. — L'avoine doit être distribuée après le travail pour produire son maximum d'effet utile : donc deux repas dont le plus copieux en dernier lieu. Elle est distribuée soit en nature, soit après avoir subi certaines préparations comme le *concassage* ou *écrasement* (grains durs ; chevaux trop vieux ou convalescents, bouche échauffée), la *macération* (amollit et gonfle la graine ; mastication favorisée, engraisse l'animal), la *cuisson* (élève le cœfficient de digestibilité).
    Utilité des mélanges (excitent l'appétit et augmentent le cœfficient digestif) et des mashs (rafraîchissent).

Altérations de l'avoine . . . . .

> RÉCOLTÉE TROP TÔT. — Très légère, grains très petits, plats, mous, verdâtres.
>
> RÉCOLTÉE TROP TARD. — Dure, coriace, petite mais lourde.
>
> GRAINES ÉTRANGÈRES. — *Inoffensives* (blé, orge, seigle, pois, etc.), *nuisibles* (ivraie, colza, moutarde, etc.), *accidentelles* (maïs, lin, féverolles, etc.) ou *intentionnelles* (grains légers et vides de diverses graminées, fragments de paille, etc.).

Altérations de l'avoine ....

TERREUSE. — Poussières et cailloux ; a besoin d'être criblée.

HUMIDE. — Odeur spéciale (odeur de bateau pour les avoines exotiques) : doit subir pelletages, ventilation et même étuvage. Odeur de magasin.

GERMÉE. — Ramollissement du grain (chaleur ou humidité); perd ses qualités nutritives.

MOISIE. — Couverte de petits champignons : odeur *sui generis*.

CHARANÇONNÉE. — Le grain est vidé par un petit insecte, le charançon, qui pénètre à l'intérieur; à exclure de toute fourniture.

ROUILLÉE.
CHARBONNÉE. } Maladies dues à des champignons des genres différents.
ERGOTÉE.

Fraudes contre l'avoine. — *Mélange* d'avoines avariées ou altérées avec de l'avoine saine (au fond des sacs ou des tas).

Augmentation du poids et du volume en humectant, en ajoutant des graines étrangères, etc.

Substitution ou *mélange* d'avoines exotiques aux avoines indigènes.

Succédanés de l'avoine ....

MAÏS. — Graminée d'origine mexicaine : aliment complet : donne bonne santé et embonpoint; mais semble diminuer la vigueur. Après expériences dans l'armée, on a conclu qu'il n'y avait pas lieu d'introduire le maïs dans la ration des chevaux.

ORGE. — Remplace l'avoine en Afrique; valeur nutritive à peu près égale : mastication plus difficile. En France, on la fait consommer surtout en farine ou bouillie et cuite.

SEIGLE. — Ne peut remplacer qu'une partie de la ration d'avoine (un tiers environ). Plus nutritif que l'avoine, mais très échauffant.

FROMENT. — Très nutritif, peut produire des congestions, des inflammations, la fourbure.

FÉVEROLES ET FÈVES. — Donnent de la vigueur : lourdes à digérer.

RIZ. — Amollit les os, mais pousse à l'engraissement.

A citer encore le *millet*, le *sarrasin*, les *pois*, la *graine de lin*, etc.

PAINS, BISCUITS, GALETTES, CONSERVES. — Question intéressante au point de vue de l'économie et de la subsistance des troupes en campagne : mais les essais tentés n'ont pas permis de constater que ces conserves pouvaient remplacer complètement les aliments ordinaires.

Pain Darblay, pain Dailly, biscuit de la commission d'hygiène hippique, biscuit avoine à la herculia du Dr Heckel, biscuit Spratt et C°.

TOURTEAUX de lin, de chenevis, de colza, etc.

CHAFF. — Mélange de foin et paille hachés, de pois et de fèves (Angleterre).

SON. — Résidu de la monture du blé : très utile dans l'alimentation du cheval (seul ou mélangé à l'avoine; de préférence sec ou frisé; mashs ; eau blanchie).

SUBSTANCES ANIMALES. — *Viande* desséchée ou en poudre; peut concourir à la fabrication des pains et conserves. — *Sang* mélangé à des farines et cuit au four. — *Poudre d'os*, etc.

Soixantième Question

DES FOURRAGES. — Tiges, feuilles et racines des plantes fourragères proprement dites.

DU FOIN. — Herbe des prairies *naturelles* coupée à maturité et séchée ; composé d'un grand nombre de plantes qui renferment des principes azotés, non azotés et des sels : aliment complet substantiel, tonique et nutritif.

Caractères du bon foin. — Couleur vert jaunâtre : odeur bonne et légèrement aromatique (flouve odorante) ; saveur douce ; ne renferme pas de déchet et ne répand pas de poussière ; tige des plantes longues, rondes, souples, difficiles à casser, garnies de leurs feuilles et fleurs ; pèse 65 kilos au mètre cube ; conserve ses qualités nutritives pendant une année.

Les *foins fermentés de Bourgogne* (mis en tas avant leur dessication) plus tendres constituent une très bonne alimentation, très appréciée en Angleterre. Ils sont bruns, tendres, très assimilables.

Composition botanique des bons foins. — Graminées et légumineuses pour neuf dixièmes au moins, dont sept huitièmes des premières. En outre, quelques synanthérées, labiées, renonculacées, crucifères, ombellifères, etc.

Composition et aspect suivant la provenance et la qualité des prairies. — *Foins du midi* : aromatiques, toniques et nutritifs (quelquefois tiges dures et cassantes. — *Foins du centre* : moins aromatiques et moins nutritifs. — *Foins du nord* : aqueux, pâles, moins nutritifs ; tiges grosses et rudes.

La qualité du foin varie essentiellement selon la nature des prairies dont il provient : grossier et abondant dans les vallées ; plus fin sur les coteaux ; bien meilleur sur les terrains calcaires et argileux que sur les terrains sablonneux ; acide et grossier dans les prairies marécageuses ; très supérieur dans les prairies fraîches et irrigables.

Foins qui doivent être rejetés de l'armée. — Tiges fibreuses, grossières et cassantes ; foins décolorés, roussâtres ou noirâtres : sentant le moisi ou inodores ; saveur âcre ou insipide ; remplis de poussière, contenant trop de laiches, de joncs, de frêles ; et tous les foins avariés ou altérés.

Préparations que l'on fait subir au foin. — DISTRIBUTION. — On donne le foin sec ou mouillé (peu avantageux) ; entier ou haché pour faciliter la mastication et la digestion ; seul ou mélangé à d'autres fourrages.

BOTTELAGE. — Mis en bottes de 5 à 6 kilos pour faciliter transport et évaluation quantitative.

COMPRESSION. — Pour permettre le transport à grandes distances ; on obtient de 100 à 250 kilos au mètre cube (ligaturés en fil de fer et quelquefois planchettes de soutien), dans l'armée, les balles de foin comprimé varient de 50 à 100 kilos.

Altération des foins.

Foin vieux. — Plus de dix-huit mois de coupe ; sec, cassant, mauvaise odeur ; aliment médiocre.

Foin sec, poudreux. — Années de grande sécheresse ; digestion difficile.

Foin délavé ou lavé. — Trop mouillé avant d'être coupé ou prairies basses et humides ; peu nutritif, pâle.

Foin vasé. — Inondé par des eaux boueuses ; poussiéreux, nuisible (maladies infectieuses).

Foin récolté trop tôt. — Aqueux, grêle, mince, peu nutritif, sans fleurs.

Foin récolté trop tard. — Sec, dur, cassant, sans odeur, terne, beaucoup de déchet, peu nutritif.

Foin rouillé. — Maladie due à un champignon vénéneux ; taches jaunâtres, nuisible.

Foin fétide. — Mauvaise odeur due à certains engrais ; les chevaux le refusent.

Foin moisi. — Récolté pas sec ou mouillé en tas et échauffé (petits champignons vénéneux) ; odeur âcre, saveur âcre, nuisible.

Foin échauffé. — Ramassé encore humide ; fermente, peut s'enflammer ; mauvaise nourriture.

Foin fermenté. — Mal récolté ou mouillé : court, foncé, mauvaise odeur forte.

Falsifications et fraudes. — Matières étrangères ou foin de mauvaise qualité au milieu des bottes ; liens mouillés et trop longs.

Succédanés du foin.

Regain. — Foin de seconde coupe ; à réserver pour le bétail. — Plus vert, plus fin, ordinairement sans fleurs ni épis.

Foin des prairies artificielles

Luzerne. — Légumineuse très répandue : très bon aliment, convient surtout aux jeunes chevaux ; associée au foin dans la proportion d'un tiers. Couleur verte, tiges souples, pourvues de feuilles et de sommités fleuries. — Celle de deuxième coupe, tendre, feuillue, meilleure.

Sainfoin. — Devient grossier une fois desséché ; se moisit et fermente facilement, mais très nutritif. Deuxième coupe meilleure.

Trèfle. — Fourrage grossier, ne doit être donné qu'en petite quantité. — Rend mou, donne coliques.

Feuilles, tiges ou écorces d'arbres.

Fruits. — Glands, courges, melons. — Caroube très recommandée, utilisée en Italie.

Plantes d'Afrique

Alfa. — Graminée assez bonne lorsqu'elle est jeune (ressemble au jonc).

Chich. — Irrite les organes digestifs.

Drinn. — Bon aliment.

Dyss. — Peu nutritif, feuille plate.

Seunra. — Aliment médiocre.

Ghtaf. — Arbrisseau irritant pour les voies urinaires.

Soixante et unième Question

FOURRAGES VERTS. — Plantes vertes des prairies naturelles ou artificielles ou des céréales, données fraîches, soit avant soit pendant la floraison; alimentation passagère, puissamment hygiénique et thérapeutique. — Doit être associé à une certaine quantité d'avoine et de fourrages secs. — Convient aux chevaux jeunes, convalescents ou fatigués. — On le donne à la *prairie en liberté* (assez rare, mais le meilleur emploi) ou à l'*écurie*, à la *soulée* (vert complet) ou *fractionné* (quart de vert) : ce dernier cas, le plus fréquent, permet de ne pas modifier sensiblement le travail des chevaux. Donné ainsi, le vert constitue une sorte de salade. — Mélange aux autres fourrages, il est donné à tous les chevaux d'un escadron. Ce régime dure de trente à quarante jours (fin mai et juin).

Effets du vert. — Produit d'abord l'effet d'une légère purgation (quelquefois diarrhée épuisante); puis le cheval redevient gai, prend beau poil, engraisse et accuse une amélioration générale notable.

Substances que l'on peut donner au vert. — Herbe des prairies naturelles, peu appétissantes à l'écurie, bonnes seulement comme vert en liberté. Luzerne, sainfoin, esparcette, trèfle commun ou incarnat, vesces (fauchés à l'approche de la floraison), orge, seigle, blé (fauchés avant l'épiage), ray-grass (fauché en floraison).

On peut encore utiliser comme vert l'*ajonc* (midi et Bretagne : nécessité de le broyer) ; on a aussi essayé utilement les sarments de vigne.

DES PAILLES. — Variétés. — Tiges desséchées des céréales cultivées pour leurs graines. Pailles d'avoine, d'orge, de froment, de seigle.

Provenance. — Beauce, Brie, Berry, régions du nord et de l'est : les pailles du midi et de l'ouest menues; tout pays en fournit de la paille.

Caractères physiques. — Paille de froment. — Fine, souple, jaune pâle, presque blanche ou dorée ; tiges pourvues de feuilles et d'épis; odeur *sui generis*, saveur sucrée; pas cassante.

Paille d'avoine. — Moins dure, plus foncée et plus cassante.

Paille d'orge. — Couleur jaune foncé, odeur agréable, conserve ses feuilles.

Paille de seigle. — Luisante, flexible, longue.

La paille est bottelée et compressée comme le foin.

Modes de distribution. — La paille est distribuée comme *aliment* ou seulement comme litière.

La *paille alimentaire* doit être parfaitement saine ; est d'autant meilleure que plus *fourrageuse*. la préférable est la paille d'*avoine*, puis de *blé* et d'orge. Rôle secondaire dans l'alimentation, agit surtout comme *lest* : donnée seule, elle pousse au ventre, mais avec le grain en favorise la digestion, surtout hachée. La paille de *litière* n'a pas besoin d'être aussi bonne et belle, mais doit toujours être saine.

Altérations de la paille . . . . .

Terreuse. — Couchée par la pluie ou inondée : mauvaise.

Rouillée. — Taches brunâtres sur la gaîne : peut occasionner des coliques.

Charbonnée. — Tachée d'une poussière noire, âcre et vénéneuse au niveau des épis.

Moisie. — Odeur nauséabonde due à un champignon vénéneux (coliques).

Trop vieille. — Devient dix-huit à vingt mois après la récolte sèche, noirâtre, de mauvaise odeur.

Soixante-deuxième Question

Plantes, substances salines, sucs végétaux mélangés ou ajoutés à la ration pour la rendre plus appétissante, mieux assmilable ou plus utile à
l'organisme.

DES CONDIMENTS

Condiments salins.

Sel marin : mélangé au grain ou dissous dans l'eau pour asperger les fourrages : pierre de sel (salignon); mashs; 10 grammes par jour contre le pica.

Sulfate de soude : purgatif léger, se donne dans la boisson, le barbotage ou le mash (100 à 150 grammes).

Bicarbonate de soude : 30 à 40 grammes (boisson).

Aloes : purgatif plus violent : se donne en bols.

Condiments acidulés. — Certaines plantes ou acides peuvent corriger les eaux impures ou les fourrages de mauvaise qualité (oseille, vinaigre, acides nitrique, sulfurique, etc.).

Condiments aromatiques, amers et toniques. — Emploi combiné des farines d'orge, d'avoine, de maïs avec des poudres de plantes aromatiques amères (gentiane, houblon, gingembre, anis, baies de genévrier, de laurier, etc.).

Substances complémentaires de la ration. — Phosphate de chaux ou sang desséché : acide arsénieux (12 par jour), arséniate de strychnine (1 centigr. par jour); agissent sur le système nerveux, donne de l'énergie, etc.).

DES BOISSONS. — Eau, boisson habituelle; apaise soif, facilite digestion, remplace parties aqueuses éliminées par sueur, urine, etc.

Caractère de l'eau potable. — Incolore, pure, limpide, sans odeur, doit bouillir sans se troubler, cuire les légumes et dissoudre le savon.

Variétés

Eaux de pluie. — Riches en phosphates et chlorures alcalins; bonnes à boire, mais autant que possible filtrer, surtout eaux de drainage.

Eaux de source ou de citerne. — Crues, trop froides, chargées de sels calcaires; lourdes et indigestes : les exposer au soleil et les agiter : contiennent parfois des substances minérales et ferrugineuses qui les rendent salutaires.

Eaux de ruisseaux ou de rivières. — Bonnes en général; les puiser en amont des centres populeux et industriels : sangsues, surtout en Algérie.

Eaux de puits. — Sujettes à infiltrations nuisibles; ne doivent pas renfermer plus de 0gr,5 de matières fixes par litre; doivent être tirées d'avance.

Variétés (suite)

> EAUX DE LACS. — Généralement bonnes.
>
> EAUX DE MARES OU D'ÉTANGS. — Souvent insalubres et nuisibles (matières organiques, gaz, végétaux, particules organiques vivants, etc.).
>
> EAU DE MER. — Trouble la digestion (coliques), purge.
>
> EAUX DES GLACIERS ET DES NEIGES. — Peu riches en sels et en acide carbonique (mélange Foussagrive).

Altérations et assainissement des eaux. — Les eaux peuvent être altérées par manque d'air, défaut de composition, abondance de matières organiques, d'animalcules, présence de sels, gaz, odeurs nauséabondes, etc. Elles engendrent alors des affections typhiques et charbonneuses, des diarrhées, etc. On peut assainir l'eau par divers procédés : la filtration, l'ébullition, la distillation, l'addition des condiments. — Utilité de l'eau miellée.

Distribution des boissons. — En moyenne, le cheval absorbe de 16 à 20 litres par jour : au seau ou à l'abreuvoir, en général deux fois par jour ; avantage d'avoir de l'eau en permanence à la disposition du cheval. — Faire boire après le repas de fourrage, surtout avant l'avoine ; précautions à prendre (chevaux en sueur, rentrant du travail, etc.).

DENRÉES DE SUBSTITUTION. — On appelle *substitution* le remplacement en totalité ou en partie d'un ou de plusieurs aliments de distribution par une substance alimentaire qui n'entre pas dans la ration journalière du cheval de troupe.

Son (ordinairement de froment). — Écorce des graines de céréales plus ou moins privées de farine par la mouture (recoupe, recoupette, remoulage). Son utilité dans la nourriture du cheval : son frisé, mahs, son sec, mélangé, etc.

Farine d'orge. — Produit de l'orge moulue ; convient aux chevaux délicats ; se donne délayée dans l'eau généralement mélangée au son par moitié pour ne pas faire pâte.

Carottes. — Aliment très nutritif et très rafraîchissant ; peut être donné chaque jour.

Soixante-troisième Question

ÉTUDE DU HARNACHEMENT DES CHEVAUX DE SELLE.

SELLE ANGLAISE. — Sept pièces en bois de hêtre, consolidées par des bandes de fer, pour l'*arçon* : deux pour l'arcade de devant (*pointes d'arçon*), deux pour l'arcade de derrière, deux pour les *bandes*, une pour le *troussequin*.

Les *porte-étrivières* fixés aux bandes sont fermés par un ressort s'ouvrant d'avant en arrière.

Le *faux-siège* est formé de sangles croisées, clouées à l'arçon ; il est garni d'une toile qui enveloppe la matelassure formée de laine cardée.

Le *siège* se divise en *assiette* et *mamelles*, (parties postérieures et latérales), plus le *col* qui donne l'ensellement.

Le tout est recouvert de peau de cochon.

Les *quartiers* sont en cuir de vache souple, recouverts de peau de cochon; ils sont fixés à l'arçon au moyen d'une galbe à l'avant et de vis en arrière.

Les *panneaux* sont en basane de mouton.

Le *rembourrage*, ordinairement en laine, est contenu dans une serge qui porte directement sur le cheval.

Les *étrivières* sont en cuir fauve et grattées.

Les *sangles* s'attachent à la selle au moyen de trois *contre-sanglons* : deux sont cousus à une sangle au-dessus du col de l'arçon, le troisième est fixé sur la bande ou sur les pointes de l'arçon.

SELLE FRANÇAISE. — Transformation de la *selle à piquer* qui se rapporte à l'équitation du moyen âge et n'a été conservée que pour les sauteurs : elle devient la selle *royale* ou *demi-royale* qui conserve un demi-troussequin ; puis, La Guérinière ne laissant plus que des battes très courtes sur l'arcade de devant en fait la selle rase ou à *la française*, dont on se sert plus qu'au manège : le cavalier ne peut modifier la longueur de ses étriers sans descendre de cheval.

DIFFÉRENTS TYPES DE SELLE. — SELLE HONGROISE (1829) modifiée en 1839.

SELLE A LA ROCHEFORT (1832).

SELLE D'ARTILLERIE (1831) modifiée en 1854 et 1861 pour constituer la selle actuellement en usage dont les bandes sont garnies et prolongées en arrière du troussequin.

SELLE MODÈLE 1845 modifiée en 1853 qui a été en usage dans toute la cavalerie. Bandes sèches, siège à boudins ; trois jointures.

SELLE DE CAVALERIE MODÈLE 1861 ou SELLE GUDIN. — Bandes sèches, tapis de feutre et couverture.

SELLE ARABE OU DES SPAHIS. — Bandes sèches. Karbousse et troussequin.

SELLE DE 1870 (modèle anglais) : il en existe encore un certain nombre en service.

SELLE DE 1874 MODIFIÉE EN 1876 PUIS 1886 pour en faire le modèle actuellement adopté (voir la description dans le règlement). Arcades en tôle d'acier sur bandes en bois avec panneau de crin.

SELLE 1884 en usage concurremment avec le modèle 1874-1886, dont elle diffère peu.

CONDITIONS D'UNE BONNE SELLE. — Légère, simple, solide, durable, appropriée à la conformation du dos du cheval; les panneaux rembourrés de telle façon que la selle soit en parfait équilibre sur le dos du cheval et suffisamment élevés et écartés pour que le garrot, le dos et le rein soient à l'abri de tout contact et de toute étreinte; la liberté du garrot doit être assez grande pour permettre de seller presque tous les chevaux; le siège ne doit pas être trop plat; les contre-sanglons doivent être fixés suffisamment en avant pour que la traction de la sangle ne fasse pas basculer la selle.

AJUSTAGE SUR LE DOS (Voir le *Règlement d'exercices*, tome Ier). — Nécessité d'ajuster la selle au dos du cheval à qui elle est affectée. Passer une revue individuelle de chaque cheval quelque temps avant les manœuvres et faire modifier les matelassures : en route, utilité des *fontaines*, des tapis ou couvertures, des panneaux de paille, etc.

MANIÈRE DE SELLER, DÉBRIDER, METTRE ET ENLEVER LA COUVERTURE. — Se rapporter aux prescriptions du règlement de 1882 (tome Ier, titre VI).

Soixante-quatrième Question

HYGIÈNE DE LA PEAU ET DES MEMBRES. — Nécessaire pour assurer les fonctions de calorification de dépuration et de respiration dont la peau est le siège.

SOINS A LA RENTRÉE DU TRAVAIL (s'en rapporter aux préceptes du service intérieur). — Bouchonner, laver, puis sécher les membres. Usage du couteau de chaleur après un lavage à grande eau.

PANSAGE.

Stimule les fonctions de la peau en la débarrassant des impuretés ; fait l'office du massage.

Son moment. — Au moins une fois par jour, après le travail.

Ses instruments
- ÉTRILLE : acier ou caoutchouc ; précautions à prendre.
- BROSSE EN CHIENDENT.
- BROSSE EN CRINS.
- BOUCHON DE FOIN OU DE PAILLE TRESSÉE.
- ÉPOUSSETTE ET TORCHON.
- ÉPONGE.
- PEIGNE.
- CURE-PIED.
- COUTEAU DE CHALEUR.
- BROSSE A GRAISSER LES PIEDS.
- BROSSE MÉCANIQUE DE GOODWIN POUR PANSER LES CHEVAUX.

Manière de le faire. — Ordre des opérations :
Découvrir et attacher le cheval. — Emploi successif de l'étrille, de la brosse en chiendent, de la brosse en crins, du bouchon de foin, du torchon (pansage à la main au moment de la mue). — Nettoyage de la queue et de la crinière (brosse, peigne), des ouvertures naturelles (éponge). — Curage, lavage, graissage des pieds. — Couvrir et rentrer le cheval. — Habitude anglaise de siffler en faisant le pansage.

Ses effets sur la santé et l'énergie. — Débarrasse le cheval des impuretés (sueur, poussière). — Facilite la respiration cutanée, la sécrétion des glandes sudoripares et sébacées. Fait éprouver au cheval un sentiment de bien-être ; augmente l'appétit. Repose les muscles fatigués par le travail ; stimule la circulation et ranime l'énergie.

BAINS GÉNÉRAUX ET PARTIELS. — Avantageux à tous les points de vue : durée moyenne de 10 à 20 minutes pour les bains généraux. Utilité des pédiluves (graissage des sabots). Savonnage de la crinière et de la queue.

DOUCHES. — Percutantes ou en pluie. Bon effet sur les tendons et les articulations (3 à 5 minutes) répétées plusieurs fois.

MASSAGES. — Très utiles. — Avec le pouce, les doigts ou la paume de la main : tapottements. Doit toujours se faire dans le sens de la circulation veineuse. — Massages du dos, des épaules, des tendons, des boulets.

BANDAGES. — Compression continue sur les tendons. — Bandages en laine, en jersey, en toile. Avoir la bande toute roulée ; commencer à l'appliquer par en bas, aller de bas en haut et de haut en bas ; serrer modérément, nœud au milieu, jamais sur le tendon.
Flanelles d'écurie, d'exercice, curatives ou préventives.
Emploi de guêtres (cuir, drap, caoutchouc), cousues ou non.

TONTE OU TONDAGE.

Avantages. — Fonctions de la peau activées : diminution de la sueur ; vigueur stimulée.

Inconvénients. — Les chevaux plus sensibles demandent des soins plus minutieux ; nécessité de les couvrir, d'augmenter la ration pour compenser les déperditions ; amaigrissement ; échauffement de la peau (harnachement, boue, crevasses, boutons). Mauvaise mesure pour chevaux de troupe en général.

Instruments. — Autrefois on tondait aux ciseaux, puis au gaz d'éclairage (flambage des poils) : on se sert maintenant de tondeuses (eczéma de la tonte) à main ou mécanique. Flambage complémentaire.

Époques. — Avant la mue d'automne (15 octobre au 15 novembre) ; il vaut mieux tondre deux fois que tondre trop tard.

Variétés. — Tondage partiel ou général ; à la lyonnaise (partie supérieure du corps sur les places où partent les harnais) ; à la comtoise (moitié inférieure du corps, quelquefois chevaux de chasse en Angleterre) ; des chevaux de chasse et de l'armée (membres respectés).

Soixante-cinquième Question

De l'exercice en général : Influence du travail sur le développement organique et sur le moral du cheval. — L'exercice est une fonction normale, indispensable à la santé et au développement des principaux organes. — Conséquences morales et matérielles de l'oisiveté, d'un exercice bien ordonné, d'un travail excessif. — Influence de la nature des routes, des terrains, du sol en général. — Nécessité d'équilibrer les recettes et les dépenses de l'organisme : l'appétit, la puissance digestive, la gaieté sont les meilleurs signes de la bonne proportionnalité entre les unes et les autres ; augmenter la ration avec le travail et en raison de l'appétit est donc la base d'une bonne hygiène du travail. Avec un travail bien ordonné, le développement du cheval est favorisé et son caractère s'assouplit.

17

Influence du cavalier ou du conducteur sur la bonne utilisation du cheval. — On ne sait bien se servir du cheval que si on l'aime. Nécessité de développer à tous les degrés le goût du cheval dans l'armée pour arriver à la meilleure utilisation possible (soins divers, douceur, bonne équitation, bon entretien, etc.).

Dressage des jeunes chevaux. — Très important puisqu'il est la base de tous les services qu'on peut en attendre.

Trois grands principes :

1° RÉGLER LE TRAVAIL SUR LA NUTRITION ET LE DÉVELOPPEMENT. — Différentes bases d'appréciation pour s'en rendre compte : appétit, bon état d'entretien, bon poil, peau souple, aspect du flanc et du ventre, souplesse du rein, étude des crottins, etc.

En bonne santé, les crottins sont brun foncé, bien moulés, frais, assez gros, odeur sans âcreté exagérée; — le ventre bien arrondi; le flanc plein, sans corde prononcée; — le rein flexible sans souffrance.

En cas de travail excessif, les crottins deviennent friables, moins bien moulés, puis mous; ils contiennent des grains d'avoine non digérés; couleur plus claire; odeur âcre. — Le ventre se rétracte, le flanc se creuse, le rein fléchit exagérément.

En cas d'alimentation excessive, les crottins sont petits, secs, comme vernissés : odeur ammoniacale, couleur vert foncé (cheval *brûlé par l'avoine*).— Le ventre devient plat, tendu, collé au dos : le flanc est cordé, le rein raide et voussé.

Utilité des mashs, de la graine de lin, du sel de nitre pour rafraîchir le cheval, faciliter les fonctions digestives, la sécrétion urinaire, etc.

2° CONSERVER LES MEMBRES INTACTS EN SUIVANT UNE PROGRESSION SAGE ET MÉTHODIQUE. — Rôle important de la vitesse et du poids.

3° AMENER A UN QUASI-AUTOMATISME DES MOUVEMENTS. — Avoir des chevaux calmes, qui marchent sans à-coup, sans être violents ni nerveux.

Travail de garnison. — Nécessité du soutien, de la régularité, de l'alternance des allures. Le travail de garnison (instruction des recrues, école du peloton, de l'escadron, du régiment), constitue par lui-même une sage progression qui peut suffire pour amener les chevaux au meilleur de leur forme.

Routes et manœuvres. — Application méthodique, raisonnée, scrupuleuse des principes de marche et des règles d'hygiène nécessaires à la conservation des chevaux : alternance des allures (deux tiers ou trois quarts au trot : de 6 à 12 kilomètres à l'heure; modification selon les terrains; surveillance des hommes, du paquetage; nécessité des haltes; desseler immédiatement en arrivant quand on peut soigner le cheval, sinon laisser la selle une heure ou deux, dessangler et attacher haut; grande importance de toutes les questions concernant l'alimentation, les soins divers, l'installation, etc.

Marches d'entraînement (raids). — Intéressantes pour prouver les résultats auxquels on peut atteindre avec une troupe (hommes et chevaux) bien préparée et bien conduite (100 à 120 kilomètres en 24 heures); mais n'en point abuser; inutiles et souvent nuisibles.

Marches de campagne. — Marches forcées; marches de nuit. — Très rares : à n'employer que lorsque le résultat qu'on en attend est en harmonie avec l'effort qu'on demande aux chevaux. En vitesse, on peut obtenir 12 kilomètres à l'heure pour environ 40 kilomètres : en fonds, on a pu obtenir 150 à 160 kilomètres.

Travail des chevaux de trait. — Tout cheval de selle peut être attelé à la condition d'y mettre patience et douceur et de prendre toutes les précautions nécessaires (habituer le cheval aux harnais, progression dans l'effort de tirage demandé, proportionnalité du poids à tirer à la force, à l'impressionnabilité du cheval).

Soixante-sixième Question

ENTRAINEMENT DES CHEVAUX. — Travail progressif combiné avec les soins nécessaires pour amener un cheval dans le meilleur état d'utilisation. En particulier, *entraînement* s'entend de la préparation des chevaux de course pour les amener à posséder leur maximum de forces et de vitesse.

CHOIX DES SUJETS. — (Influence de la constitution, des origines, du sexe).

CHOIX DU TERRAIN. — (Nécessité d'une *piste d'entraînement*).

ALIMENTATION. — Proportionnée au travail : varier la nourriture (mashs, carottes) ; régularité et tranquillité absolues des repas.

SOINS HYGIENIQUES DIVERS. — Pratique rigoureuse et très soignée des soins de pansage et de massage : surveillance de la ferrure ; bon entretien du harnachement : couvertures, flanelles, etc.

SUÉES ET PURGATIONS. — Le principe des suées et purgations, très en honneur dans le monde des entraîneurs, n'est pas d'une application indispensable : un travail bien réglé peut les remplacer. — *La suée blanche* est l'indice d'un manque absolu d'état — Les purgations (aloës en bols, de 25 à 50 grammes) sont données au moment de la mise en travail pour alléger rapidement un cheval ou en cours d'entraînement, pour réveiller l'appétit ou remédier à l'échauffement.

DISTRIBUTION ET PROGRESSION DU TRAVAIL. — Pas de règles absolues, tout dépendant du sujet à entraîner et du genre d'épreuves auxquelles il sera soumis. Il faut s'attacher à mettre en condition les *muscles* (longues promenades au pas, galops longs et lents, vigoureux massages) ; les *poumons* (développer le souffle par des galops progressifs, variés et rapides) ; l'*estomac.* — Combiner l'intensité du travail avec la santé, l'appétit du cheval et l'état des jambes. — Emploi discutable des excitants. — Ne pas *laisser la forme* d'un cheval dans un dernier galop avant la course.

DE LA CONDITION. — La condition est l'état du cheval parvenu au *summum* de ses facultés (apparence extérieure ; mouvements du flanc, des naseaux après le travail) ; c'est la conséquence d'un entraînement méthodique, sagement combiné.

DE L'EXCÈS DE TRAVAIL OU SURMENAGE. — Plus grave que l'excès de repos. — *Fatigue* locale ou générale (abattement, essoufflement, inappétence, prédisposition aux maladies) : refaire le cheval par le repos, un régime rafraîchissant et toutes les règles d'hygiène précédemment tracées ; danger du surmenage au moment où les chevaux perdent le poil d'hiver.

Soixante-septième Question

EMPLOI DU MULET ET CHAMEAU DANS L'ARMÉE.

Le **mulet** est employé dans l'artillerie, le génie, le train — dans les Alpes et en Algérie surtout — comme animal de bât; très rustique, plus résistant, plus solide que le cheval. Taille de 1ᵐ,45 à 1ᵐ,55. Il porte jusqu'à 120 kilos. Deux mulets accouplés avec un conducteur : pour le transport des blessés il y a un conducteur par mulet. Un mulet marchant au pas peut faire 60 à 70 kilomètres par jour.

Le **chameau** est un agent de transport précieux en Algérie : il peut rester sept jours en marche sans manger, et en hiver deux mois au pré sans boire : le *djemel*, dromadaire de gros bât, est employé dans le Tell; le *méhari* dans le Sahara, comme animal de selle. Il peut faire à l'amble 100 et même quelquefois 200 kilomètres par jour. Il peut porter deux hommes et leur nourriture pendant deux jours ; il se nourrit de fourrages et d'orge. — Troupes sahariennes montées à méhara organisées par le général Mercier (5 déc. 1891).

HYGIÈNE APPLICABLE AUX CHEVAUX ET MULETS EN CHEMIN DE FER, EN MER ET DANS LES COLONIES (Instruction du 18 novembre 1889 modifiée par décision ministérielle du 22 mai 1891 et du 14 avril 1892 sur les transports en chemin de fer.)

En chemin de fer. — Deux sortes de wagons : wagons-écuries, wagons à bestiaux (huit chevaux). — Quand la durée du trajet est inférieure à douze heures, les chevaux boivent et mangent avant de partir et pour le voyage un peu de foin suffit; si le trajet est supérieur, on fait un peu boire (un seau pour deux chevaux) et on donne l'avoine à la musette. — Précautions pour l'embarquement et le débarquement des chevaux. — Devoirs des gardes d'écurie.

En mer. — Très nombreuses causes d'accidents et de maladie. Éviter les glissades, faciliter l'écoulement des urines, rembourrer avec de l'étoupe les parties en contact avec le cheval. Le laisser libre par les temps calmes, renouveler l'air dans les cales ou entreponts. Aliments rafraîchissants, emploi de la farine d'orge, éviter les maladies contagieuses, et passer des visites sanitaires fréquentes ; faire faire des promenades aussi souvent que possible.

Aux colonies. — Les chevaux et mulets de France sont très éprouvés par le climat; y remédier par des cantonnements aérés, salubres, par une nourriture tonique et réconfortante. — Emploi du sel. Éviter avec soin de faire boire dans des mares, des fleuves ou des douves, mais de préférence dans des baquets propres. Faire travailler aux heures les moins chaudes.

HYGIÈNE DE LA REPRODUCTION

Hygiène des étalons. — La monte se fait de mars à juillet en France, de février à juin en Algérie : une et même quelquefois deux saillies par jour. Nourriture substantielle, copieuse, rafraîchissante. Travail modéré, mais régulier.
Éviter l'engraissement excessif, cause de stérilité.

Hygiène des juments. — Sont présentées quand elles sont en chaleur. Accouplement doit avoir lieu du 5ᵉ au 9ᵉ jour après la naissance du poulain : en général trois saillies. Les juments en état de gestation doivent être maintenues en santé ; éviter la constipation, les indigestions, les coliques. Travail ordinaire modéré dans les derniers mois, (onze mois en tout); ne pas employer les poulinières avancées au service de la selle. Soins après l'accouchement. Conservation du lait. Purger la mère pour faire passer le lait.

Hygiène des poulains. — Allaitement naturel; vie libre en plein air, au pré; après cinq ou six semaines, ils reçoivent d'autres aliments que le lait : l'allaitement dure six mois. Allaitement par adoption. Allaitement artificiel. Sevrage progressif.

Soixante-huitième Question

INSTITUTIONS HIPPIQUES

Haras et jumenteries (loi du 29 mai 1874). — Dépendent du Ministère de l'Agriculture ; cette administration a pour but de favoriser l'élevage en mettant des étalons à la disposition des éleveurs, en distribuant des primes aux produits de ces étalons et en surveillant tous les reproducteurs.

En 1900, il devra y avoir 3.030 étalons de l'État répartis dans 654 stations de remonte (210 pur-sang anglais, 90 pur-sang arabes, 200 pur sang anglo-arabes, 1.800 demi-sang, 400 étalons de trait). Il y a en outre environ 1.200 *étalons approuvés ou primés*, 200 *étalons autorisés* (sans primes) et un certain nombre d'*étalons rouleurs*.

Les seules jumenteries conservées sont celles de Pompadour en France et de Tiaret en Algérie.

L'École du Pin sert à former les fonctionnaires des haras. — Cette administration est dirigée par le Conseil supérieur des haras (24 membres); les fonctionnaires sont : *un* inspecteur général, *six* inspecteurs d'arrondissement, *vingt-deux* directeurs et *vingt-deux* sous-directeurs de dépôt, des surveillants, des vétérinaires et des gens de service.

Les PRIX ET PRIMES réservés aux produits des étalons de l'État et des étalons primés ou autorisés sont des encouragements donnés à l'élevage à l'occasion des CONCOURS RÉGIONAUX.

Courses. — Introduites en 1776, régulièrement organisées à partir de 1805, les courses constituent des épreuves importantes pour le choix ou l'élimination des reproducteurs, par conséquent pour l'amélioration de la race chevaline : partisans et détracteurs.

Courses au trot (attelé ou monté); les premières à encourager de préférence.

Courses au galop (plates, haies, steeple-chases).

Courses à poids égal, à poids pour âge, handicaps, avec surcharges et décharges, avec exclusion (prix de série), courses à réclamer.

Allocations données aux sociétés par l'État, les départements, les villes, les comices, les compagnies de chemin de fer, etc.

Société d'encouragement pour l'amélioration de la race chevaline en France (Jockey-Club, 1833). — Réglemente et régit les courses plates. — Hippodromes : Longchamps, Chantilly, Deauville. Subventions aux hippodromes de province.

Société du steeple-chases de France (Cercle de la rue Royale, 1863). — Réglemente et régit les courses d'obstacles. — Hippodromes : Auteuil, Saint-Germain. — Achères. Subventions aux hippodromes de province; primes aux éleveurs.

Société d'Encouragement du demi-sang français (fondée à Caen en 1864). — Courses au trot et courses d'obstacles (réunions mixtes). — Hippodromes : Vincennes, Caen, Neuilly, Levallois. Devrait organiser des courses de demi-sang au galop pour encourager le cheval de selle et non exclusivement le trotteur ou carrossier.

A côté, d'innombrables sociétés particulières et de province dont les programmes sont soumis aux règlements des trois grandes sociétés qui ont chacune leur *Bulletin officiel*; à signaler la SOCIÉTÉ SPORTIVE D'ENCOURAGEMENT (Maison-Laffitte, Enghien, Saint-Ouen, La Marche) et la SOCIÉTÉ DE SPORT DE FRANCE (courses de gentlemen à Colombes et Fontainebleau).

Écoles de dressage. — Subventionnées par les villes et les départements; au nombre de onze; elles donnent le moyen aux éleveurs de faire dresser leurs chevaux et répandent le goût du cheval.

Stud Book français. — Registre de l'état civil des chevaux publié tous les deux ans : il existe un stud book pour chaque race spéciale (pur sang anglais, pur sang arabe, pur sang anglo-arabe, demi-sang, chevaux de trait). — Commission spéciale qui préside à la publication du Stud-Book et le met à jour tous les deux ans.

Pedigree ou origine d'un cheval : lignée de ses ascendants.

Performances. — États de service d'un cheval (courses gagnées ou courues honorablement)

<table>
<tr><td rowspan="4">Différentes méthodes de reproduction. . . . . .</td><td>SÉLECTION. — Accouplement des sujets de choix pris dans une même race : sélection conservatrice ou progressive.</td></tr>
<tr><td>CROISEMENT. — Accouplement de producteurs appartenant à deux races différentes en vue d'améliorer l'une par l'autre (métis ou demi-sang).</td></tr>
<tr><td>MÉTISSAGE. — Accouplement des métis entre eux.</td></tr>
<tr><td>HYBRIDATION. — Accouplement de deux sujets du même genre zoologique, mais d'espèce différente (mulet, bardot).</td></tr>
</table>

Hérédité. — Transmission des ascendants aux descendants des propriétés naturelles ou acquises qui constituent les individualités. Principes de l'hérédité difficiles à établir.

Type de cheval à encourager. — Tout cheval de selle peut faire un cheval de voiture : la réciproque n'est pas vraie; se rapprocher donc du cheval léger et à deux fins et mieux encore du type de cheval de galop (voir question 41).

Soixante-neuvième Question

TYPES PRIMITIFS DE CHEVAUX (TYPE ORIENTAL ET TYPE OCCIDENTAL). — Les races asiatique et africaine fréquemment confondues ont constitué le *type oriental* (chevaux secs, rein et dos courts, croupe simple et horizontale, tête petite, intelligente). Le *type occidental* (plus massif et plus charnu) est représenté, selon M. Sanson, par six races fondamentales.
1° Race irlandaise (irlandais, suffolk, breton).
2° Race britannique ou boulonnaise (des deux côtés du Pas-de-Calais).
3° Race germanique (Danemark, Mecklembourg, Hanovre).
4° Race frisonne ou flamande (Hollande, Flandre, chevaux de Clydesdale).
5° Race belge ou ardennaise.
6° Race sequanaise ou percheronne.

PRODUCTION ET ÉLEVAGE DANS LA RÉGION DU NORD DE LA FRANCE.

Normandie. — Région privilégiée par sa situation, son climat, son sol et dont la renommée, au point de vue de la production chevaline, est universelle.

Le cheval anglo-normand (demi-sang : taille moyenne de 1ᵐ,55 à 1ᵐ,65 : bien suivi, fortement charpenté, du chef, de bons membres, mais noyé dans ses formes, manque souvent de garrot, tête busquée, tendons souvent faillis et articolations grêles ; cheval de développement tardif, apte à faire un magnifique cheval d'attelage ; bien nourri, ménagé jusqu'à 7 ou 8 ans, il peut devenir un excellent cheval de selle et de guerre (utilité de substituer les épreuves au galop aux épreuves au trot).

Le Calvados produit :
Le cheval de la plaine de Caen ou de la vallée d'Auge (puissante ossature, manque de lignes, beau carrossier).
Le cheval du Bessin [Bayeux] (un peu enlevé, harmonieux dans son ensemble).
Le cheval du Bocage (petit, rustique, souvent taré : petit normand).

L'Orne (Merlerault, Écouché, Perche), pays de prédilection de l'industrie chevaline, produit :
Le cheval du Merlerault (pur sang ou demi-sang et jument du pays : type remarquable, beaucoup d'espèce, belle épaule, belle ligne de dessus).
Le cheval de la plaine d'Argentan (large, fort, solide, postier).
Le percheron (type du cheval de trait réputé dans le monde entier : grand et petit percheron).

L'Eure produit aussi des chevaux du type percheron.
Le cheval charbonnier (né dans la Mayenne, trapu, robuste, mais petit et commun).

La Manche produit :
Le cheval cotentin (demi-sang normand de taille élevée : arrière-main puissante, membres un peu grêles).
Le cheval avranchin [vallée de la Sée] (moins énergique et moins distingué).
Le cheval de Saint-Lô (vigoureux, forte ossature, tête fine : exellent type normand).
Le cheval de la Hague (petit, trapu, solide, sobre, sorte de poney, crochu du derrière) ; on trouve encore quelques spécimens de postiers normands jadis si réputés et connus sous le nom de *bidets d'allures*.

La Seine-Inférieure produit en grande majorité des chevaux de trait comme par exemple le *cheval cauchois* (gros, grand, encolure courte, membres forts, se rapprochant du type boulonnais).

A côté des races anglo-normandes proprement dites, la Normandie est le centre d'un important élevage de pur sang ; les principaux haras sont ceux de Victot (M. Aumont), de Meautry (baron de Rothschild), de Lonray (M. Donon), de Bois-Roussel (M. Delamarre), de Martinvast (baron de Schickler), de Dangu (fondé par le comte de Lagrange), etc.

Artois et Picardie. — Pauvres en prairies, sauf dans le Boulonnais et le Vimeux qui produisent les chevaux de gros trait connus sous le nom de *boulonnais* et *flamands*.

Le Pas-de-Calais produit :
Le cheval boulonnais ou *cheval du bon pays* (tête forte mais bien proportionnée, garrot noyé, membres forts et velus, croupe un peu avalée, double et très musclée. cheval très remarquable par son volume, sa force et sa douceur).
Le cheval flamand ou *cheval du mauvais pays* (plus haut que le boulonnais, ensemble plus lymphatique).

La Somme produisait :
L'ancien *cheval picard* (côte plate, tête lourde et plaquée) dont on a modifié le type en le rapprochant du boulonnais.

Flandre. — Terrain plat, marécageux, froid ; pays de production, plus que d'élevage. — Le Nord produit des chevaux de gros trait, types peu définis. intermédiaires entre le boulonnais et le percheron.

Ile-de-France. — La population chevaline de l'Ile-de-France offre les types les plus divers (races percheronne, boulonnaise, bretonne, ardennaise) : seuls les chevaux connus sous le nom de *débardeurs* (Seine-et-Oise) paraissent avoir un caractère local assez accusé.

A signaler pour l'élevage du pur sang les haras de Viroflay et de Vaucresson (M. Lupin), de la Celle Saint-Cloud (M. Edmond Blanc), de Joyenval (M. Camille Blanc), de Chamant (M. A. Ménier), de Mello (baron Seillière.)

Soixante-dixième Question

PRODUCTION ET ÉLEVAGE DANS LA RÉGION DE L'OUEST.

Bretagne. — Jouit d'une réputation antique et méritée : les chevaux bretons sont osseux, musclés, solides, nerveux, manquent de branche; ils ont les membres grêles, le garrot peu sorti, la croupe commune.

L'ILLE-ET-VILAINE, pays de petite culture, produit de petits chevaux :
Les *petits bidets bretons* [Montfort, Vitré, Rennes] (bons membres, encolure courte, très résistants);
Les *petits chevaux du Marais de Redon* (petites voitures de Paris);
Les *chevaux de l'arrondissement de Fougères* (propres à la remonte et au trait léger);

Les CÔTES-DU-NORD produisent :
Les *chevaux du littoral* (gros trait et trait léger);
Les *chevaux de la montagne* [chevaux de Guingamp et de Corlay] (tête forte, sèche, œil vif, encolure courte, articulations larges : très bons chevaux);
Dépôt de remonte à Guingamp.

Le FINISTÈRE, richesse chevaline très grande, produit :
Les *chevaux du Léon* (gros trait, chevaux d'omnibus) : tête forte, encolure courte; trapus.
Les *chevaux du Conquet* (trait léger, métis anglo-bretons);
Les *double-bidets bretons* (type des chevaux de Corlay);
Les *bidets de Briec* (ambleurs connus jadis sous le nom de roussins);

La LOIRE-INFÉRIEURE produit :
Le *cheval de la Basse-Loire* ou *cheval nantais* (bien proportionné, près de terre, bonnes allures, bons cheval de selle et d'attelage). — Acheté par le dépôt d'Angers.

Anjou. — Contrée fertile, produisant bien, mais pas de race distinctive, provenant de la fusion des races poitevine, vendéenne et nantaise : les chevaux dits *angevins* résultent du croisement des races locales avec des étalons pur sang ou anglo-normands. — Quelques bons chevaux de selle et de trait dans les arrondissements d'Angers et de Saumur.

Poitou. — Contrée remarquable par sa fertilité : production spéciale des mulets.

La VIENNE produit :
La *variété chevaline* dite *mulassière* (sujets forts, communs, lymphatiques : les juments servent à produire les *mulets du Poitou* (grands, forts, bien membrés, universellement réputés).

Les Deux-Sèvres (Plaine, Marais, Gatine) produisent :
des *chevaux de trait* gros et étoffés.

La Vendée produit des chevaux très hétérogènes parmi lesquels on peut citer le *cheval du Bocage* (trait léger) et le *cheval de Saint-Gervais* (sorte de métis anglo-poitevin mâliné de normand, grand cheval de cuirassiers et carrossier en bonne voie d'amélioration.) — Dépôt de remonte à Fontenay-le-Comte.

Aunis et Saintonge. — La Charente-Inférieure produit :
Le *cheval de Rochefort* (très grand, osseux, pieds plats, ayant souvent assez de sang pour faire de beaux chevaux de carrière. — Même type que le cheval de Saint-Gervais). — Dépôt de remonte à Saint-Jean-d'Angély.

Angoumois. — Le *cheval des Charentes* issu de croisement avec des poitevins, des anglais, des anglo-normands ; sont parfois de beaux animaux robustes et bien constitués.

Guyenne. — Élevage d'origine orientale dont on retrouve le type très net.

La Gironde produit :
Le *petit cheval landais-bordelais* (nerveux, infatigable);
Le *cheval médocain.* — Croisement d'Anglais et même Normand avec jument locale. — Acheté par le dépôt de remonte de Mérignac ;

La Dordogne produit plus de mulets et de bœufs que de chevaux. — Dépôt de remonte de Mérignac.

Le Lot-et-Garonne produit :
Le *cheval d'Agen* (étoffé, formes arrondies, tissus denses, du sang, très propre au service de la selle ; cavalerie légère). — Dépôt d'Agen.

Soixante et onzième Question

PRODUCTION ET ÉLEVAGE DANS LA RÉGION DU CENTRE.

Orléanais. — Très propice à la production et à l'élevage du cheval : on trouve la *race percheronne* (Eure-et-Loir et Loir-et-Cher) dans tout son développement et le *cheval solognot* (laid et chétif, mais d'un bon service).

Berry. — Plaines très fertiles : on y trouve le *cheval berrichon* (court et épais mais solide et très apte au trait) et le *cheval de la Brenne* ou *brennous* (rustique et énergique).

Nivernais. — A côté de l'élevage prépondérant de la race bovine, on trouve les traces des *chevaux du Morvan* (petits, robustes et infatigables, mais tendant à disparaître) et des chevaux de *gros trait* issus de croisements avec les races boulonnaises et percheronnes, mais constituant une race très caractérisée (robe noire) : à côté une race de *trait léger* également caractérisée fournit de bons sujets à l'armée (artillerie, ligne) et aux attelages de luxe.

18

Bourbonnais. — Chevaux du type limousin. A signaler les importants haras de la Flandrie et de Saint-Georges (vicomte d'Harcourt) et le développement progressif des sociétés de courses de Vichy et de Moulins.

Marche (Creuse). — Chevaux du type limousin: dépôt de remonte à Guéret.

Limousin. — Très renommé autrefois pour la *race limousine*, à laquelle on reconnaissait toutes les qualités (distinction, sang, belles lignes, énergie et endurance : origines asiatiques ; les chevaux des ducs de Bourbon et de Napoléon Ier étaient limousins). Après une période d'abandon la production du cheval limousin semble reprendre une nouvelle activité sous les auspices du haras de Pompadour (Corrèze).

Auvergne — Grande réputation du *cheval auvergnat* (plus petit que le limousin, anguleux, rustique, énergique et très résistant). Dépôt de remonte à Aurillac.

Soixante-douzième Question

PRODUCTION ET ÉLEVAGE DANS LA RÉGION DU SUD.

Comté de Nice et Provence. — Le principal centre de la production est la *Camargue* dont les chevaux sont très renommés pour leur rusticité, leur sobriété et leur résistance (petits, tête assez forte, encolure droite et grêle, croupe courte, rein long, membres secs).

Roussillon. — Languedoc. — Béarn et Gascogne. — L'élevage de ces différentes provinces du Midi se localise pour ainsi dire dans la plaine de Tarbes : l'élevage des autres contrées en dérive ou, s'il en diffère, s'efface devant son importance.

L'origine du *cheval tarbais* (tarbais, bigourdan, navarrais) est asiatique : ce sang acclimaté au pays a produit un cheval petit, distingué, plein de sang dont les qualités d'endurance et de vigueur sont sans pareilles. Croisée alternativement avec le pur sang anglais et le pur sang arabe, cette race est devenue peu à peu celle qui, encouragée par les haras et les remontes, se répand de plus en plus dans le Midi : ce sont des *pur sang anglo-arabes* et *demi-sang anglo-arabes*, chevaux excellents en tous points : on doit aussi signaler la tendance actuelle de croiser les anglo-arabes entre eux pour chercher à fixer la race.

A côté de ces chevaux, il faut citer l'élevage du *pur sang anglais* (excellents étalons des haras : Bay-Archer, Dauphin, Vignemale, etc.; récents succès de Merlin, d'Héro, etc.) et l'élevage du *demi-sang* (croisement anglo-normand ou Norfolk) pour produire le cheval de concours : tendance très regrettable et qu'il est coupable d'encourager.

Les pays limitrophes subissent l'influence de ce grand centre d'élevage dont ils dérivent :

Dans la *Haute-Garonne*, élevage des chevaux nés dans la plaine de Tarbes et importés ;

Dans le *Gers*, les pâturages donnent de la taille, du gros, de la résistance, en enlevant un peu de distinction ;

Dans les *Landes*, race des *petits landais* (très petits, très résistants) et chevaux du *pays de Dax* (cavalerie légère et trait léger).

Dans l'*Ariège*, production abondante de chevaux souvent communs mais très résistants ; dans le *Roussillon*, chevaux du *plateau de Cerdagne*, distingués, descendant de la race andalouse.

Soixante-treizième Question

PRODUCTION ET ÉLEVAGE DANS LA RÉGION DE L'EST.

Lorraine. — La Lorraine, pays humide, n'est guère un pays d'élevage : elle possède beaucoup de chevaux d'importation : *gros trait* se rapprochant du type belge ; *trait léger*, petits, secs, bien faits ; et, de plus, le *cheval meusien*, assez laid, mais sobre et résistant.

Franche-Comté. — Les chevaux de Franche-Comté, célèbres autrefois, ont beaucoup perdu de leur mérite : *le cheval comtois* présente deux variétés : 1° le *montagnard* (grosse tête, encolure maigre, garrot bas, gros ventre, lymphatique) ; 2° le *petit comtois* (1^m,50) mieux suivi, trapu, résistant.

Bourgogne. — Pays de vignobles plutôt que d'élevage. La Côte-d'Or et l'Yonne produisent peu ; mais la Saône-et-Loire, très en progrès, produit le *cheval du Mâconnais* (ancien Charolais et Morvandiau croisé avec le pur sang et le demi-sang anglo-normand). L'Ain produit quelques variétés de bons chevaux de trait, chevaux bressans, de Trévoux, de Nantua.

Lyonnais. — N'est pas un pays d'élevage : Le Rhône et la Loire possèdent surtout des chevaux de trait de diverses provenances pour le service des villes ; il n'y a que les *chevaux du Forez*, (trait léger) qui constituent une variété spéciale.

Dauphiné. — Le Dauphiné possède des chevaux de toutes sortes : l'ancienne race de forts chevaux de selle du haras de Vizille a fait place au *petit cheval de trait* actuel qui paraît assez convenir à cette région. *Mulets de l'Isère*, petits, rustiques, robe grise.

Savoie. — On retrouve en Savoie les *chevaux suisses* de petit attelage.

Soixante-quatorzième Question

PRODUCTION ET ÉLEVAGE EN ALGÉRIE ET DANS LES COLONIES.

Algérie. — L'Algérie est le berceau de la *race barbe* ou africaine (tête forte et busquée, encolure épaisse, rein court, croupe ronde, queue attachée bas), race excellente et très résistante, mais dont la production s'appauvrit : nécessité de faciliter le développement de cette race par le choix des reproducteurs ou l'importation d'étalons syriens au lieu de la modifier par l'importation d'étalons étrangers, pur sang ou autres. Création d'un Stud Book de la race barbe en 1886 (colonel Brécard) ; jumenterie de Tiaret.

La province de Constantine. — La plus riche en chevaux, produit des types plus grands et plus solidement charpentés que ceux des autres provinces ; les *chevaux du Hodna, de l'Aurès, de Sétif.*

La province d'Oran. — Présente le véritable type de la race barbe, les *chevaux de Flittas* qui passent pour les meilleurs de l'Algérie, à côté d'eux les *chevaux du sud* (Tiaret, Saïda, Sebdou) sont grands et forts et les *chevaux des environs de Tlemcen*, petits et sans élégance, mais rustiques et résistants.

La province d'Alger. — La plus pauvre en chevaux, offre des caractères indigènes moins accusés que dans les autres provinces : à citer les chevaux *du Chéliff et de la Mitidja*, les *chevaux des hauts plateaux* (distingués et bâtis en force), les *chevaux de la région saharienne* (grands et bien trempés) et les *chevaux de Kabylie* (petits et mal conformés).

Toute l'Algérie produit beaucoup d'ânes et des mulets petits, mais rustiques, dont l'élevage semble devoir nuire à l'élevage du cheval et tend à le remplacer.

Tunisie. — Cette belle province devrait reprendre la place à laquelle sa fertilité lui donne droit. La production du cheval y est très négligée : le *cheval tunisien* (petit, trapu, résistant quoique mal soigné et mal nourri) présente plusieurs variétés suivant qu'il est élevé dans la plaine, dans la montagne, sur le littoral ou dans le sud.

Sénégal et Soudan français. — *Chevaux soudanais*, petits, courts, trapus, très résistants (Fouta-Djallon).

Indo-Chine française. — La population chevaline, encore mal connue, y est cependant en progrès ; les chevaux y présentent de nombreuses variétés, ils sont tous petits (1m,35) et l'usage exclusif du vert leur donne gros ventre.

Martinique et Guadeloupe. — En dehors des chevaux importés à grands frais de France et d'Amérique, les *chevaux créoles* sont petits, rétifs, défectueux dans leurs membres, mais vifs et robustes.

Soixante-quinzième Question

DES REMONTES EN FRANCE. — **Leur but.** — Satisfaire aux besoins immédiats de l'armée ; encourager et diriger la production du cheval de guerre.

Organisation. — Dépôts et annexes de remonte. — Deux sortes d'établissements : *dépôts de remonte ou dépôts acheteurs*, chargés d'acheter directement aux éleveurs et propriétaires ; et *annexes de remonte ou dépôts de transition*, commandés par des vétérinaires et où les chevaux achetés à trois ans et demi sont conservés jusqu'à quatre ans et demi. Circonscriptions de Caen (sept dépôts) ; de Tarbes (cinq dépôts) ; les autres dépôts (quatre) sont hors circonscription.

Opérations

ACHATS PAR LES DÉPÔTS DE REMONTE. — Chaque dépôt comprend un comité d'achat (trois membres) : 1° l'officier supérieur commandant le dépôt; 2° un capitaine détaché; 3° un officier de cavalerie ou d'artillerie du grade de capitaine ou de lieutenant (acheteur temporaire) détaché pendant la période active des achats (1er octobre au 15 mai) ; ce dernier, en dehors de cette époque, peut être remplacé par le vétérinaire ou l'officier comptable du dépôt.

Les remontes achètent, soit des chevaux d'âge (cinq à huit ans) envoyés directement aux corps, soit des chevaux de trois ans et demi, conservés dans les dépôts de transition. Les comités d'achat font afficher leur passage. Chaque membre donne son prix et on offre aux vendeur le prix moyen qui en résulte. Les prix moyens sont :

	Troupe	Tête
Réserve	1160 *fr*	1400 *fr*
Ligne	1030 *fr*	1260 *fr*
Légère	910 *fr*	1140 *fr*

ACHATS PAR LES COMMISSIONS DE REMONTE DES CORPS. — Trois membres, un officier supérieur, président; le capitaine instructeur; le vétérinaire chef de service. Cette commission : 1° livre des chevaux aux officiers sans troupe, d'infanterie, d'état-major, ou reçoit d'eux les chevaux précédemment livrés et à réintégrer; 2° achète les chevaux présentés par les officiers renonçant à la remonte gratuite : elle peut prendre les chevaux de pur sang à partir de quatre ans et les autres à cinq ans; chaque membre fait une estimation dont la moyenne constitue le prix offert (maximum : 1400, 1300, 1200 selon les armes).

ACHATS PAR LES ÉCOLES MILITAIRES. — *Purs sangs*. — Par une commission de quatre membres (écuyer en chef, deux capitaines, un vétérinaire) convoquée par le Ministre.

Chevaux entiers du midi. — Par un comité d'achat des remontes qui choisit parmi les étalons refusés par la Commission des Haras et sous la réserve de leur acceptation par l'écuyer en chef.

Un général de division inspecteur permanent et un général de brigade, sous-inspecteur, sont à la tête du service. — Chacune des deux circonscriptions est commandée par un colonel ou lieutenant-colonel; chaque dépôt par un officier supérieur ou un capitaine.

Remontes en Algérie et en Tunisie. — Les quatre dépôts d'Algérie et Tunisie (Mostaganem, Blidah, Constantine, Tunis) sont à la fois dépôts de remonte pour la cavalerie de l'Algérie et dépôts d'étalons (achetés pour les haras de la colonie). — Un colonel directeur à Alger.

Soixante-seizième Question

PRODUCTION CHEVALINE A L'ÉTRANGER

Arabie. — Patrie de la plus précieuse race chevaline du monde entier : Arabie proprement dite (Nedj), Basse-Égypte, Palestine et Syrie.

Caractères très nets du cheval arabe : son origine se perd dans la nuit des temps ; on classe les chevaux arabes en chevaux de race pure et chevaux de race incertaine. Indépendamment, on distingue :

Chevaux de l'Arabie proprement dite (les plus remarquables de la race, intelligents, sobres, agiles);
Chevaux de l'Irak et du Djézireth [Mésopotamie] (moins brillants, plus forts);
Chevaux de Syrie et Palestine (presque aussi remarquables que ceux du Nedj);
Chevaux de la Perse (élégants);
Chevaux de la Turquie d'Asie (plutôt communs);
Chevaux de l'Egypte (provenance syrienne, arabe, persane; élevage un peu délaissé).

Angleterre. — CHEVAUX DE PUR SANG (quest. 49 et 68). — Race créée en Angleterre par le croisement de juments anglaises avec des étalons orientaux introduits au XVIIᵉ siècle : cette race, réservée au début pour les courses dont l'institution date de 1603 sous les auspices de Jacques Iᵉʳ, a été l'objet de tous les soins des éleveurs qui, par une sélection minutieuse et raisonnée, en ont fait une race remarquable, unique au monde et apte à tous les services. — Le STUD BOOK ANGLAIS (le premier volume paru en 1808 remontait à 1791) a déterminé, pour fixer la race, trois chefs de famille : *Byerley Turk* (descendance King Hérold), *Darley Arabian* (descendance d'Eclipse), *Godolphine Arabian* (descendance Matchem). Ce stud book fait seul foi et seuls sont dits *pur sang* les chevaux dont la naissance y est consignée.

CHEVAUX DE SERVICE DE L'ANGLETERRE. — *Hunter*, cheval de chasse anglais ;
Cheval de chasse irlandais, plus petit que le hunter ;
Cleveland bai ou carrossier du Yorkshire, étoffé, élégant, rapide ;
Trotteur de Norfolk, issu du croisement de juments hollandaises avec des étalons de pur sang (hackney).
Black-horse, véritable géant, origine flamande; cheval de brasseurs ;
Cheval Clydesdale, le cheval de trait le plus estimé de l'Angleterre ;
Suffolk-horse ;
Cheval shire, cheval de labour par excellence ;
Les *poneys* de Galloway, du pays de Galles, écossais, des îles Shetland, d'Exmoor.

Le gouvernement n'intervient pas dans l'élevage qui est abandonné aux initiatives particulières. — Dans l'armée, les corps de troupe se remontent eux-mêmes par voie de marchés avec les éleveurs ou les grands fournisseurs.

Allemagne. — Grands progrès pour l'élevage du cheval de guerre. — Institutions hippiques analogues à celles de France : trois haras de l'État soumis au Ministère de l'Agriculture (Trakhenen, Beberbeck, Graditz) ; vingt dépôts de remonte et fermes hippiques (chevaux achetés entre trois et quatre ans).

Très bonne production de chevaux de selle, médiocres chevaux d'artillerie, trop légers et nerveux.

CHEVAUX DE SELLE. — Trakhenen, Wurtembergeois, Mecklembourgeois, de Roththal, du Holstein, etc.

Trait léger. — Carrossiers de Trakhenen, silésiens, hanovriens, de l'Oldembourg, etc.
Gros trait. — Chevaux de la Frise, du Schleswig, de la Westphalie, etc.

Russie. — Production très active; population chevaline très nombreuse :
Chevaux sauvages de la Sibérie, très peu connus;
Chevaux demi-sauvages des populations nomades (Kirghis et Kalmoucks);
Chevaux des Cosaques;
Chevaux du type rustique, élevés pour les travaux agricoles;
Chevaux des haras de l'État (trotteur Orloff, produit d'étalons arabes avec juments danoises; chevaux de pur sang d'importation).
Six haras de l'État administrés par un personnel militaire. — Les chevaux de l'armée régulière sont achetés par les corps de troupe : le Cosaque est tenu de fournir son cheval.

Autriche-Hongrie. — Bon pays de production (surtout le cheval de selle); exporte beaucoup.
Trois groupes des variétés chevalines :
1° *Chevaux de la Bohême et de l'ancien archiduché* (chevaux de la Bohême, de Marchfeld, de Pinzgau);
2° *Chevaux transylvains* ou des montagnes;
3° *Chevaux hongrois* qui sont ou des chevaux hongrois du type oriental, ou des chevaux des quatre grands haras de l'État : *Mezöhegyiès* (*race des Nonius*, carrossiers descendant de Nonius, normand : *race des Gidrans*, anglo-arabes descendants de Gidran, arabe), *Babalna* (demi-sang arabe); *Kisber* (chevaux de course), *Fogaras* (chevaux de montagne).
Deux autres haras en Autriche : *Radautz* et *Piber*.
Les chevaux de l'armée sont achetés soit directement, soit par des commissions temporaires à 2 et 3 ans, puis conservés dans le dépôt de remonte.

Italie. — Ressources chevalines restreintes; mais efforts sérieux pour perfectionner l'élevage et améliorer la production. Variétés chevalines nombreuses, mais de valeur peu sérieuse au point de vue militaire : *chevaux sardes, napolitains* (analogues aux chevaux camargues), *chevaux de la Toscane* (métis anglo-normands), *chevaux de l'Agro-Romano* (type belge, les meilleurs chevaux de trait de la péninsule), *chevaux de Lombardie* (grands, forts, majestueux).
Quatre haras (celui de Pise élève des chevaux de pur sang anglais). — Le service des remontes achète des chevaux de 3 et 4 ans conservés dans les dépôts jusqu'au moment où ils peuvent être mis en service.

Espagne. — Très déchue de son ancienne renommée : on trouve en Andalousie une variété de chevaux de selle qui ne sont plus les anciens andalous si réputés.
Les chevaux de l'armée sont achetés par une commission dite des remontes divisée en sous-commissions qui parcourent la péninsule.

Belgique. — Les variétés *flamande, belge ou ardennaise* et *brabançonne* sont des chevaux de gros trait.
Les chevaux de l'armée sont achetés par des commissions régimentaires (chevaux anglais et irlandais).

Hollande. — Les grands chevaux, autrefois si prisés des hommes d'armes du moyen âge, se sont sensiblement modifiés et sont devenus de *grands carrossiers*, bons trotteurs, dont la vogue tend à passer.

Danemark. — *Ancien cheval danois* (espèce carrossière à chanfrein busqué); *demi-sang du haras de Frédericksbourg* (type navarrin) : *poneys d'Islande*.

Suède et Norvège. — Variétés assez nombreuses : chevaux petits dans les montagnes, plus grands dans la plaine. — Trotteurs de Norvège se rapprochant des carrossiers hollandais.

Les chevaux de l'armée suédoise sont fournis par des propriétaires pourvus de privilèges ou achetés par la couronne.

Amérique. — Richesse chevaline remarquable et en progrès constants. — Chevaux sauvages (mustangs dans le nord, cimarrones dans le sud).

Les chevaux indigènes sont représentés par les *chevaux demi-sauvages de l'Amérique du Nord* (petits, énergiques, d'un prix minime), les *chevaux domestiques du Canada* (croisement des mustangs avec normands et anglais), les *chevaux mexicains* (type andalou), les *chevaux du Texas* (petits, souples, élégants), les *chevaux demi-sauvages de l'Amérique du Sud* (dont on a tenté l'importation pour notre cavalerie de 1875 à 1878 : chevaux de la Plata); les fameux *trotteurs des États-Unis* (ils doivent trotter en 1'30" pour être inscrits au *standard-horse* : ils descendent de Messenger, pur sang importé en 1788), les *ambleurs américains* ou *pacers*, les *chevaux de gros trait* (draught-horse).

Les chevaux importés, pour lesquels les Américains ont fait de gros sacrifices, sont les chevaux de gros trait : *percherons* et *chevaux du Nivernais* (stud book spécial), les *chevaux anglais* (Clydesdale, Shire, Yorkshire, Norfolk, etc.) et les *chevaux de courses* (pur sang anglais), mais les Américains préfèrent les courses au trot aux courses au galop.

A LA MÊME LIBRAIRIE

OUVRAGES A CONSULTER